AF475328

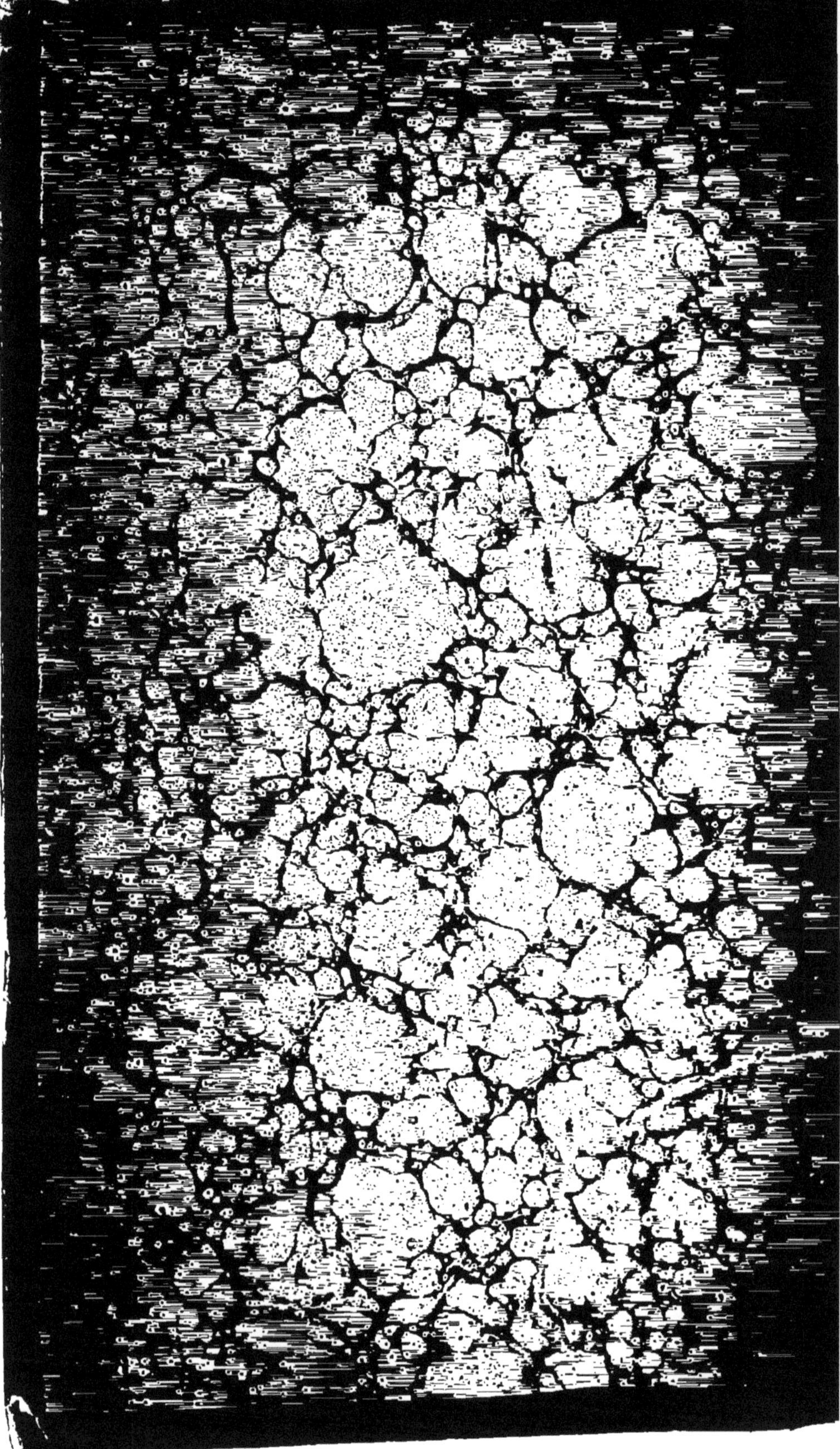

ENTRE NOUS

Revue intime en trois actes

REPRÉSENTÉE A PARIS SUR LE THÉATRE

DU

CERCLE DE L'UNION ARTISTIQUE

le 9 Mai 1878

CERCLE DE L'UNION ARTISTIQUE

ENTRE NOUS

REVUE INTIME EN TROIS ACTES

PAR

PHILIPPE DE MASSA & GASTON JOLLIVET

PAUL DUPONT
41, RUE JEAN-JACQUES-ROUSSEAU — PARIS
1878

A nos charmantes interprètes,

Mesdemoiselles

Reichemberg, Barretta, Bianca & Samary.

PHILIPPE DE MASSA
& GASTON JOLLIVET.

PERSONNAGES :

Mlle Reichemberg La Politique L'Infanterie territoriale La Jolie Parfumeuse L'Exposition universelle	MMlles REICHEMBERG.	DE LA COMÉDIE FRANÇAISE.
La Dame de Pique	BARRETTA.	
L'Exposition du Cercle L'Avenue de l'Opéra Mlle Niniche	BIANCA.	
Une Charbonnière La Mandarina L'Artillerie territoriale Le Petit Duc	SAMARY.	
Le Compère	MM. T. GIDE.	MEMBRES DU CERCLE.
Un Charbonnier Premier Monsieur L'Éclairage électrique Baron de Saint-André	SAUCÈDE.	
La mère Michel, *mère d'actrice* Un Cocher Gavroche Le Carnaval Isaac Balsamo	Cte de FITZ-JAMES	
Une mère d'actrice Deuxième Monsieur	RIHOUET.	
Le Concierge Un Commissaire du Cercle	A. OUDET.	
Le Régisseur	E. RANDOUIN.	
Un Machiniste	E. DELCHET.	

Le Géant chinois. . . .	MM. Boussenot.	
Un Exposant.	Jurine.	
Un Monsieur dans la salle.	Mis O. d'Osmond	
Deux Mères d'actrice. .	Jullemier. G. Vuhrer.	
Quatre Sergents de ville	Du Plessis. Saintin. Guilliaud. Lagarde.	
Quatre Pompiers.	Collas. Rebouleau. Brun. Wallet.	
Trois Commissionnaires.	Collas. Lagarde. Brun.	MEMBRES DU CERCLE.
Quatre Commis de nouveautés	Rebouleau. Lagarde. Brun. Wallet	
Étudiants Espagnols. . .	Jules Costé. Arcos. Jacques Normand. de Boisdeffre. Mis de Queux de St-Hilaire. Vte de Maupeou. Dr E. Menière. de la Lombardière Boussenot. Escalier. Mis O. d'Osmond.	

Costumes dessinés par M. Coppens de Fontenay.

Chef d'orchestre : M. Boullard, chef d'orchestre du théâtre des Variétés.

Souffleur : M. Léotaud, de la Comédie Française.

PROLOGUE

LA DAME DE PIQUE

Mon nom, c'est la Dame de Pique!
Un nom redouté.... Mais, mon Dieu,
Ici seulement je me pique
Aujourd'hui d'étaler mon jeu.

Je m'échappe de la coulisse.
Ah! mort de moi! quels possédés!
Chacun regarde son complice
Avec des airs d'invalidés.

La troupe a des terreurs étranges;
La frayeur a rompu les rangs.
Ce sont les conscrits, pauvres anges,
Qui rassurent les vétérans.

Mon compère se laisse atteindre
Par cette panique, et pourtant,
Vous le verrez, il est à peindre....
Peindre par lui-même, s'entend.

1.

Un autre, un marin, se lamente,
Dit qu'il va sombrer, quand je sais,
Quand je puis me porter garante
Qu'il met le cap sur le succès.

Quant à mes deux auteurs, mystère!
Leur cervelle, hélas! bat les champs;
L'un d'eux croit, en vrai militaire,
Que sa revue est à Longchamps.

Tous deux voient, sombres acolytes,
Dans leurs rêves découragés,
Un tourbillon de pommes cuites
Et de petits bancs insurgés.

C'est qu'aussi leur terreur s'excuse :
Ce théâtre, étriqué de bords,
A leurs vastes projets refuse
L'horizon des vastes décors.

Ils n'ont pas — et c'est leur supplice —
De salon de glace; ils n'ont pas
Le plus petit feu d'artifice
A faire éclater sous nos pas.

En dépit de leur foi robuste,
De cet enclos faisant le tour,
Ils ont de la place tout juste,
Hélas! pour contenir un four.

Ah! Messieurs! ah! daignez, Mesdames,
Vous redire, avant les trois coups,
Que l'on a mis sur les programmes :
La pièce s'appelle : « *Entre nous !* »

Que c'est un rendez-vous intime
Sauvé par un voile discret,
Presque masqué, presque anonyme.
Honni soit qui le troublerait!

Que le simple bon goût commande
Silence au roseau de Midas,
A la *Gazette de Hollande*,
A l'*Éclaireur de Carpentras;*

Que, d'ailleurs, cette bonbonnière
Paraissant trop frêle aujourd'hui,
On a, sous le toit de Molière,
Quêté de vaillants points d'appui.

Or, la maison — j'en puis répondre —
Forte de deux siècles d'honneur,
N'a pas de plancher qui s'effondre,
Comme la *Maison du Baigneur*....

Oui, laissez-moi dire à ce monde
Tremblant derrière le rideau,
Que sur tous vos yeux à la ronde,
L'indulgence a mis son bandeau.

Chut ! je rentre dans ma bagarre.
Ils m'attendent.... seuls, sans soutiens,
La peur peut-être les égare ;
Ils ne bougent pas.... je reviens

Pour une dernière supplique :
Public, qui n'es pas un bourreau,
Ah ! fais que la Dame de Pique
Ne reste pas sur le carreau !

ACTE PREMIER

L'intérieur du théâtre. Le fond représente la toile baissée.

CHŒUR DE MACHINISTES

Pan! pan! le marteau cogne,
Pan! pan! travaillons bien.
Pan! pan! à la besogne!
Pan! pan! n'oublions rien!

SCÈNE PREMIÈRE

LE RÉGISSEUR, UN MACHINISTE

LE RÉGISSEUR

Assez! assez donc, morbleu! Vous voyez bien qu'il y a du monde dans la salle. Faites donc taire vos hommes!

LE MACHINISTE

Mais, monsieur le régisseur, ce n'est pas leur faute... C'est un raccord que les auteurs viennent de faire à la pièce. Ils disent qu'une Revue doit toujours commencer par un chœur de machinistes.

LE RÉGISSEUR

Eh bien! trop de couleur locale; vous leur direz qu'il est trop tard... Quelle heure est-il? Huit heures et demie!.... Monsieur Gide n'est pas encore arrivé?

LE MACHINISTE

Non, monsieur.

LE RÉGISSEUR

Il est en retard.... Dites-moi.... tous vos accessoires sont bien numérotés?

LE MACHINISTE

C'est M. Oudet lui-même qui les a collationnés.

LE RÉGISSEUR

Alors, on peut dormir tranquille! Et l'éléphant?

LE MACHINISTE

M. Delchet l'a fait conduire au foyer des artistes.

LE RÉGISSEUR

C'est ça, pour qu'on me le disloque.... Allez l'enlever, et prenez bien garde au mécanisme.

LE MACHINISTE

Soyez tranquille, monsieur, ça me connaît. A l'Opéra,

dans l'*Enfant Prodigue,* c'est moi qui ai créé la troisième patte du chameau. Ainsi....

LE RÉGISSEUR

C'est bon! on ne vous en demande pas tant.... (Le machiniste sort.) Heureusement que j'ai l'œil à tout! Quel métier que celui de régisseur !

AIR DE TURENNE.

Le Régisseur est toujours en colère,
Chacun l'aborde et l'appelle à la fois ;
Il se remue, il crie, il déblatère
Et dans l'assaut dont il porte le poids
Des dames même il reçoit sur les doigts.
Mais, direz-vous, pour tant d'impatience
Quel bénéfice avez-vous à palper?...
Mon dévouement à la fin, au souper,
Saura trouver sa récompense.

SCÈNE II

LE RÉGISSEUR, LE CONCIERGE

LE RÉGISSEUR

Ah! voici le concierge du théâtre.... Monsieur Gide n'est pas encore arrivé?

LE CONCIERGE

Non, Monsieur, il n'y a encore d'arrivés que les sergents de ville, les pompiers et puis deux personnes qui demandent à vous parler de la part de M. Costé.

LE RÉGISSEUR

Qui ça, deux personnes? Des hommes ou des femmes?

LE CONCIERGE

On ne peut pas savoir. Ce sont des Auvergnats....

LE RÉGISSEUR

Faites-les entrer, mais qu'ils se dépêchent.

LE CONCIERGE

Vous pouvez entrer. (Il sort.)

SCÈNE III

LE RÉGISSEUR, UN CHARBONNIER, UNE CHARBONNIÈRE

(Ritournelle de l'air suivant.
Les deux Charbonniers, très-intimidés, semblent ne pas oser parler.)

LE RÉGISSEUR

Eh bien! voyons! Qu'est-ce que vous voulez?

LA CHARBONNIÈRE

Dis-lui la chose, toi, Pierre!

LE CHARBONNIER

J'ose pas!

LA CHARBONNIÈRE

J'ose pas non plus.

LE RÉGISSEUR

Je ne me croyais pas si imposant que ça.

LE CHARBONNIER

C'est à cause que vous avez la tenue des dimanches. Elle n'a pas l'habitude de parler à des personnes si bien mises...

LE RÉGISSEUR

Je ne peux pourtant pas ôter mon habit.

LA CHARBONNIÈRE

Ça ne serait pas à faire... surtout quand il y a des dames.

LE RÉGISSEUR

Où ça, des dames?

LE CHARBONNIER

Eh bien! elle!... ma femme! ma petite Marie!

LE RÉGISSEUR

Ah! vous êtes *sa Marie?*

LA CHARBONNIÈRE

Oui, monsieur, c'est moi que je suis *Samary*...

AIR DES CHARBONNIERS.

Monsieur Costé, qui nous a mariés,
Nous a dit : Charbonniers,
Vous avez ma pratique
Et je prétends aussi que vous chauffiez
Le Cercle de l'Union Artistique.
Vous trouverez un Régisseur aimable,
Et jeune encor,
Vêtu d'un habit fashionable
Avec des boutons d'or.
Vous trouverez un Régisseur aimable
Et jeune encor...
Il a du bon
Aujourd'hui
Dites-lui
En mon nom :
Monsieur Costé qui nous a mariés
Nous a dit : Charbonniers,
Vous avez ma pratique
Et je prétends aussi que vous chauffiez
Le Cercle de l'Union Artistique.

LE RÉGISSEUR

Ah ça! est-ce que vous vous fichez de moi, de choisir ce moment-ci?

LE CHARBONNIER

Oh! nous savons bien ce que nous faisons.

LA CHABONNIÈRE

Nous sommes des malins.

LE CHARBONNIER

Nous n'en avons pas l'air, mais nous sommes des malins... Nous nous sommes laissé dire qu'à la dernière représentation il faisait un froid de chien dans la salle...

LA CHARBONNIÈRE

Même que ce bon M. Costé a attrapé la grippe.

LE CHARBONNIER

Alors, nous nous sommes dit : Attends un peu : la première fois qu'il y aura spectacle au Cercle, nous porterons cinq cents kilos de combustible...

LA CHARBONNIÈRE

Et la charrette est en bas pour bonder le calorifère...

LE RÉGISSEUR

Le calorifère! Mais, malheureux que vous êtes,

vous ne savez donc pas qu'on y étouffe, dans la salle, que tout le monde ruisselle et que c'est sur mon dos que ça tombe !

LE CHARBONNIER

Eh! mais, mon bon monsieur, ne vous fâchez pas comme ça!... nous pensions de vous rendre service.

LA CHARBONNIÈRE

Nous sommes blancs comme neige.

LE RÉGISSEUR

Oh ! ça, blancs comme neige !

LA CHARBONNIÈRE

Reprise de l'air précédent.

Allons, monsieur, ne grondez pas comme ça
Est-ce que ça vous va
D'avoir l'air si sévère?
Une autre fois, eh bien! l'on tâchera
De ne jamais plus vous mettre en colère.

LE RÉGISSEUR

Quelle petite enjôleuse!

LE CHARBONNIER

Oh! pour ça! elle s'en charge. Une supposition, qu'elle vous demanderait deux billets pour assister tout à l'heure au spectacle...

LA CHARBONNIÈRE

Que vous ne voudriez pas nous les refuser, mon bon monsieur.

LE RÉGISSEUR

Deux invitations, à quel titre?

LE CHARBONNIER

Au titre de la claque. Il n'y a pas comme les charbonniers pour bien chauffer une pièce.

LA CHARBONNIÈRE

Et qu'à chaque bon mot, je me charge de faire le fou rire...

LE RÉGISSEUR

Le fou rire de *Normand?*

LA CHARBONNIÈRE

Non, monsieur, le fou rire d'Auvergnat, je peux le faire tant qu'on veut.

DUO DU NOTAIRE, DANS LES BRIGANDS.

Le rossignol quand il gazouille
Ni les bossus ne sont si gais que moi ;
Point n'est besoin qu'on me chatouille,
Et quand ça part, je ne sais pas pourquoi,
Je ris tant que j'en pleure et ça me débarbouille
Et ça me blanchit mieux que le savon, ma foi !

TOUS

Ah! ah! ah!

LE RÉGISSEUR

Tiens! mais au fait... dans l'intérêt des auteurs, c'est peut-être une idée!

LE CHARBONNIER

Sans compter que j'ai une paire de battoirs!

AIR des Charbonniers.

Mais regardez-moi ces bras-là;
Mais regardez-moi ces mains-là,
Je n' vous dis qu' ça!

LA CHARBONNIÈRE

Et puis regardez ces dents-là;
J'en ai trente-deux comme çà!

ENSEMBLE

Mais regardez-moi, c'est-y
Bien établi,
C'est-y bâti!

LE RÉGISSEUR

Ma foi, ça me décide; montez à la salle d'armes, mettez-vous tous les deux sous la douche, et puis après ça, vous irez de ma part dire à M. Oudet de vous placer.

LE CHARBONNIER

A la bonne heure !... Et puisque c'est sans rancune, touchez là !

LA CHARBONNIÈRE

Oui, touchez là !

LE RÉGISSEUR

Je ne peux pas, je n'ai pas de gants.

LA CHARBONNIÈRE

Alors ce sera pour une autre fois.

LE RÉGISSEUR

Oui, après la douche.

ENSEMBLE

Mais regardez-moi, c'est-y
Bien établi,
C'est-y bâti ! (Ils sortent.)

SCÈNE IV

LE RÉGISSEUR, UN MACHINISTE, puis Mlle REICHEMBERG

LE RÉGISSEUR

Comme ça, au moins, m'en voilà débarrassé... (Coup de cloche dans la coulisse.) Comment ! déjà le premier coup !

LE MACHINISTE (traversant avec sa cloche)

Mesdames, le premier est sonné.

LE RÉGISSEUR

Et Gide qui n'est pas arrivé ! Ça commence à m'inquiéter, la salle est aux trois quarts pleine.

LE CONCIERGE (paraissant à demi)

M. Randouin, mademoiselle? Il est sur le théâtre. (Il disparaît.)

LE RÉGISSEUR (à Mlle Reichemberg, qui entre)

Mademoiselle Reichemberg... A la bonne heure au moins, vous êtes exacte, vous !

Mlle REICHEMBERG

Oui, j'avais hâte d'arriver... je me sens un peu nerveuse... Monsieur Randouin, est-ce qu'il y aura autant de monde que la dernière fois?

LE RÉGISSEUR

Je pense que ce n'est pas ça qui vous intimide?

Mlle REICHEMBERG

Au contraire! je n'ai jamais eu si peur que ce soir... Et puisque nous sommes seuls, je vous avouerai qu'il m'est survenu un scrupule.

LE RÉGISSEUR

Celui de jouer dans une Revue? Vous savez bien que les auteurs ont des prétentions littéraires et que par conséquent ils ont tenu essentiellement à vous avoir...

Mlle REICHEMBERG

Oui, mais c'est de la candidature officielle cela, et si l'opposition, en jetant les yeux sur le programme, allait s'écrier : « Encore mademoiselle Reichemberg!.. Toujours mademoiselle Reichemberg!... » Ce serait pis qu'une invalidation!

LE RÉGISSEUR

Mademoiselle, ces messieurs sont incapables...

Mlle REICHEMBERG

De le dire, oui, mais que penseront-ils tout à l'heure en m'entendant chanter : Je suis la Révalescière !

LE RÉGISSEUR

Eh bien ! ils penseront à Madame Dubarry. D'ailleurs, dans toutes les revues, il y a toujours un couplet sur la Révalescière.

Mlle REICHEMBERG

Je ne dis pas... mais si j'allais mal le détailler, si j'allais paraître gauche et empruntée là où il faudrait avoir au contraire...

LE RÉGISSEUR

Beaucoup de chien...

Mlle REICHEMBERG

Oui, je n'osais pas le dire !

AIR : JAMAIS JE N'AURAIS OSÉ (*Timbale d'argent*)

I

J'ai peur de ne pouvoir suffire
A souligner ces traits malins
Où l'on envoie avec délire
Son bonnet dessus les moulins.
Répondez-moi, que vous en semble,
Vous qui connaissez le public ?...
Monsieur Randouin, que je tremble
De n'avoir pas assez de chic !

II

Mon Dieu! je sais que l'opérette
N'exclut pas l'ingénuité
Et que plus le sujet s'y prête
Plus elle a de malignité.
Que ne puis-je imiter ensemble
Granier, Peschard, Théo, Judic!
Monsieur Randouin, que je tremble
De n'avoir pas assez de chic!

LE RÉGISSEUR

Comment, pas assez de chic? Il me semble, au contraire, que vous en avez beaucoup. Ça ne vous amuse donc pas de chanter des couplets?

Mlle REICHEMBERG

Au contraire... follement... comme on aime généralement...

LE RÉGISSEUR

Tout ce qui ne concerne pas son emploi.

Mlle REICHEMBERG

Précisément. Ainsi, voyez M. Carolus Duran, c'est certainement un de nos plus grands peintres... Eh bien, savez-vous ce qu'on m'a dit qu'il aimait le plus au monde?

LE RÉGISSEUR

C'est de râcler de la guitare.

Mlle REICHEMBERG

Et M. de Polignac! c'est certainement un de nos compositeurs les plus classiques... Eh bien! dans le fond, savez-vous quel est celui de ses oratorios qu'il préfère?

LE RÉGISSEUR

Rallie-Chandouillard.

Mlle REICHEMBERG

Alors, Monsieur Randouin, vous croyez que je peux risquer le rondeau de la Révalescière?

LE RÉGISSEUR

Ce n'est pas votre plus raide?

Mlle REICHEMBERG

Oh! non, pour commencer....

LE RÉGISSEUR

Alors, allez-y... Voulez-vous que je vous le fasse répéter... comme Mlle Desclauzas dans le *Petit Duc?*

Mlle REICHEMBERG

Je n'osais pas vous le demander...

LE RÉGISSEUR (au public)

Hein! comme c'est amené!

Mlle REICHEMBERG

AIR : RIFOLET, SANS QU'IL S'EN DOUTE.

Je suis la Révalescière,
C'est moi que dans tout Paris
On appelle la sorcière,
Grâce aux maux que je guéris...

Panacée à tout usage,
J'excelle dans tous les cas
Et même du bavardage
Je guéris les avocats!

Quand, pris d'une ardeur guerrière
Les poltrons sont déchaînés,
C'est que la Révalescière
Au besoin leur monte au nez.

Aux aliments redoutables
Je prépare le trajet
Et j'aide les imposables
A digérer le budget...

Heureuse quand sur ma route
Un grand honneur m'est offert,
Car j'ai guéri de la goutte
Le maréchal Canrobert.

De l'état parlementaire
Le régime est excitant,
Ma farine salutaire
En guérit l'emportement.

Que de fois à la tribune
Dans le fond du verre d'eau,
La politique opportune
Me dut un regain nouveau...

Enfin, rien ne me résiste,
Et dût-on m'en défier,
Je rendrais bonapartiste
Le duc d'Audiffret-Pasquier.

Puisse la Révalescière,
Triomphant sur tous les tons,
Enrôler sous sa bannière
Le cercle des Mirlitons !

LE RÉGISSEUR

Eh bien, êtes-vous un peu rassurée?

Mlle REICHEMBERG

Si je ne l'étais pas, je serais difficile. (On entend un coup de cloche.) Le second coup, je me sauve...

ENSEMBLE

Puisse la Révalescière,
Triomphant sur tous les tons, etc., etc.

(Mlle Reichemberg sort.)

SCÈNE V

LE RÉGISSEUR, LE MACHINISTE, puis LE CONCIERGE

LE MACHINISTE (traversant)

Mesdames, le deuxième est sonné!...

LE RÉGISSEUR

M. Gide est donc enfin arrivé?

LE MACHINISTE

Non, monsieur, mais M. Delchet m'a dit de sonner tout de même.

LE RÉGISSEUR

Il a eu tort... On ne peut pas commencer une Revue sans le compère, c'est contraire à tout usage. (Le concierge entre.) Qu'est-ce qu'il y a encore?

LE CONCIERGE

Monsieur, c'est une lettre très-pressée de la part de M. Gide.

LE RÉGISSEUR

Allons, bon! un accident... Juste!... (Lisant.) « *Mon cher*

« *ami, en sortant de chez moi pour venir au théâtre,* « *ma voiture a été coupée en deux par le tramway; je* « *suis en miettes. Faites-moi remplacer.* » Remplacer par qui?... Tous les membres disponibles sont réquisitionnés depuis longtemps... Je ne vois plus que le Concierge...

LE CONCIERGE

Moi, monsieur! Ah! mais non! J'ai déjà bien assez d'occupations comme cela. Je ne peux pourtant pas tout faire.

(Il sort.)

LE RÉGISSEUR

Il a raison!... Il faut faire une annonce, improviser un couplet désespéré, c'est simple comme bonjour :

AIR : ALLEZ-VOUS-EN, GENS DE LA NOCE

Après les trois saluts d'usage,
Je viens, messieurs, vous annoncer
Que le compère a fait naufrage
Et qu'il nous faut le remplacer.
Qui de vous veut prendre son rôle?
Dépêchez-vous, c'est très-urgent
Ou bien sinon, c'est affligeant,
Allez-vous-en tous au contrôle,
On va vous rendre votre argent.

Allons, vite mes gants, et au rideau!

SCÈNE VI

LE RÉGISSEUR, LA DAME DE PIQUE

LA DAME DE PIQUE

C'est inutile. Je crois que j'ai votre affaire.

LE RÉGISSEUR

Un compère de rechange?

LA DAME DE PIQUE

Et de la plus haute fantaisie.

AIR DU CHARLATANISME

Un ami des Parisiens
Très-haut et très-puissant monarque
Qui, retourné parmi les siens,
Avait gardé sa contremarque.
Depuis hier il est revenu
Et fier de l'attrait qu'il exerce,
De diamants tout revêtu
Turlututu, bonnet pointu,
En un mot, c'est le shah de Perse! (*bis*)

LE RÉGISSEUR

Le shah de Perse... c'est impossible... Il n'est pas membre du Cercle.

LA DAME DE PIQUE

Eh bien! je le présente.

LE RÉGISSEUR

Et vous répondez de sa cotisation?

LA DAME DE PIQUE

Ah! comme temporaire... Pour un mois seulement.

LE RÉGISSEUR

Ça ne vous engage pas à grand'chose. Il faut le faire afficher tout de suite.

LA DAME DE PIQUE

A quoi bon? Comme souverain il est reçu de droit.

LE RÉGISSEUR

C'est juste! Alors, ça va tout seul... Je cours au-devant de lui.

LA DAME DE PIQUE

Un instant! Encore faut-il le recevoir avec les égards qui lui sont dus!

LE RÉGISSEUR

Parbleu! il n'y a qu'à demander un piquet d'honneur au colonel Boquet.

LA DAME DE PIQUE

Peine inutile! le général Marceau a fait confisquer tous les figurants militaires.

LE RÉGISSEUR

Alors, comment faire?

LA DAME DE PIQUE

Troupe pour troupe. N'avez-vous pas le personnel du théâtre?

LE RÉGISSEUR

C'est juste!... Concierge!...

LE CONCIERGE

Monsieur?

LE RÉGISSEUR

Tout le monde sur le pont!

LE CONCIERGE

Oui, monsieur.

LE RÉGISSEUR

Et moi : Au shah! au shah!

SCÈNE VII

LA DAME DE PIQUE, LE CONCIERGE
puis successivement QUATRE SERGENTS DE VILLE,
QUATRE POMPIERS, LA MÈRE MICHEL
ET TROIS AUTRES MÈRES D'ACTRICES.

LE CONCIERGE (annonçant)

Les sergents de ville!

LES SERGENTS DE VILLE (entrant)

CHŒUR DES VIEILLARDS DU PETIT FAUST

Répandus dans tous les quartiers,
Nous sommes les sergents de ville,
Et mieux que les carabiniers
Nous arrivons en temps utile.
Marchant par deux, quand vient la nuit,
Nous avançons d'un pas agile;
C'est grâce à nous, après minuit, } *bis.*
Que Paris dort tranquille. }

(Ils se rangent sur un côté du théâtre.)

LE CONCIERGE (annonçant)

Les pompiers!

LES POMPIERS (entrant)

Même air

Nous, nous sommes les vrais pompiers,
Notre secours est salutaire,
Et ne pas prendre nos cimiers
Pour ceux des pompiers de Nanterre!
Nous possédons des appareils
Qui n'ont rien de la pompe antique
Et nous n'avons pas nos pareils } *bis*
Pour le pas gymnastique. }

(Les pompiers se rangent également.)

LE CONCIERGE (annonçant)

Les mères d'actrices!

LA MÈRE MICHEL ET LES MÈRES D'ACTRICES (entrant)

Même air

Nous, dont le rôle est très-moral,
Nous sommes les mères d'actrices,
Et nous venons en général
Pour tricoter dans les coulisses.
Quand, en jupon très-raccourci,
Nos filles se montrent sans voiles,
Il nous souvient que nous aussi } *bis.*
Nous fûmes des étoiles. }

(Les mères d'actrices se rangent de même.)

SCÈNE VIII

LES PRÉCÉDENTS, LE RÉGISSEUR.
puis LE COMPÈRE (vêtu en shah de Perse)

LE RÉGISSEUR (un flambeau à la main)

Le Shah, Messieurs !

CHŒUR (air militaire) : AUX CHAMPS

Salut ! honneur et gloire
Au grand shah ! au grand shah de Téhéran !
Rataplan, plan, plan, etc.

(Le Compère entre majestueusement, salue le public et passe successivement devant le front des personnages qui sont alignés en scène.)

LE COMPÈRE (s'arrêtant d'abord devant les sergents de ville)

Ah ! ah !... garde nationale !

LA DAME DE PIQUE

Oh ! non, sire, au contraire... Gardiens de la paix, sergents de ville.

LE COMPÈRE (tirant les moustaches de l'un d'eux)

Beaux soldats ! (Montrant les pompiers.) Ah ! ah ! grosse cavalerie... cuirassiers...

LA DAME DE PIQUE

Non, sire! pompiers... petits pompiers... pour courir sur les toits...

LE COMPÈRE (avec malice)

Ah! oui! comme les *chats*...

LA DAME DE PIQUE

Oh! sire!...

LE COMPÈRE

Avouez que vous alliez le faire, celui-là?

LA DAME DE PIQUE

Nous n'aurions jamais osé.

LE COMPÈRE

Ne vous gênez donc pas! ne vous gênez donc pas!... (Montrant les mères d'actrices.) Ah! ah! la vieille garde?

LA MÈRE MICHEL

Oui, sire!... les invalides de l'amour...

LE COMPÈRE (lui prenant le menton)

Encore de beaux restes... Vous vous appelez?...

LA MÈRE MICHEL

La mère Michel, sire!... celle...

LE COMPÈRE

Celle qui a perdu son *chat*... ne vous gênez donc pas! ne vous gênez donc pas! Et dans quel corps avez-vous servi?

LA MÈRE MICHEL

Dans le corps de ballet, sire... comme ma fille.

LE COMPÈRE

Ah! ah! vous avez une fille à l'Opéra?

LA MÈRE MICHEL

Oui, sire, mademoiselle Montchanin.

LE COMPÈRE

Je serais charmé de faire sa connaissance.

LA MÈRE MICHEL

Elle aussi, sire.

LE COMPÈRE

Naturellement... à *bon chat*, bon rat. Ne vous gênez donc pas! ne vous gênez donc pas!

LE RÉGISSEUR (à part)

Décidément, il est épatant. (Aux figurants.) Allons, ensemble!

REPRISE DU CHŒUR

Salut! honneur et gloire! etc.

LE COMPÈRE

Ah! ça, mes enfants, vous êtes donc en train de monter une Revue?

LA DAME DE PIQUE

Oui, sire. Est-ce que Votre Majesté aurait quelque prévention contre ce genre de pièces?

LE COMPÈRE

Au contraire!... c'est tout ce que j'aime au monde, une Revue...

AIR : NE RAILLEZ PAS LA GARDE CITOYENNE

Une Revue! O la joyeuse aubaine,
Gai souvenir des tréteaux bons enfants,
J'en ai déjà, du fond d'une avant-scène,
Suivi des yeux les ébats triomphants.

Une Revue a toujours son compère,
Roi fantastique en butte aux camouflets;
Une Revue a toujours sa commère,
Et la commère a toujours des mollets.

Ah ! les mollets, comme on leur taille un rôle
A ces acteurs, frétillant peloton!
Le directeur les flatte, les enjôle,
Même, au besoin, les met dans du coton.

Darde tes feux, ô lumière électrique,
Que ce spectacle est doux à contempler !
Rien de pareil en Asie, en Afrique,
Mais taisons-nous, les mollets vont parler :

« Moi, de Toulon, dit l'un, je suis la rade,
« Et moi la Parque aux terribles ciseaux ;
« Moi, l'Esquimau, moi, l'artichaut poivrade...»
Aucun d'eux n'est le couvent des Oiseaux.

On a parfois des lapsus de mémoire...
Voyons, souffleur, allons, êtes-vous prêt ?
Mais le souffleur, dans son observatoire,
A bien aussi le droit d'être distrait.

On chante faux, mais, bah! comme on se blinde
Contre un sifflet armé de pied en cap;
Quand les bijoux arrivent droit de l'Inde
La voix peut bien arriver droit du Cap.

Car le public est rempli de bons diables,
De la folie il aime le grelot,
Et, si l'actrice a des pieds supportables,
Il passe aux vers d'avoir des pieds de trop.

LA DAME DE PIQUE

Cadre enchanteur, chatoyante Revue,
Nos yeux charmés aiment ton gai décor,
Mère des trucs, des changements à vue,
Des jupons courts et des paillettes d'or !

Sur nos travers ton vol léger se pose :
Toujours du neuf et du neuf à tout prix,
Nouveau roman ou pièce à peine éclose,
Tes calembours ont seuls des cheveux gris.

LE COMPÈRE

Une Revue ! O la joyeuse aubaine !
Gai souvenir des tréteaux bons enfants,
J'en ai déjà, du fond d'une avant-scène,
Suivi des yeux les ébats triomphants.

LA DAME DE PIQUE

Eh bien, sire, le rôle principal est justement vacant, et si le cœur vous en dit...

LE COMPÈRE

Vous voulez faire de moi un *shah pitre?*

LA DAME DE PIQUE

Oh! sire!

LE COMPÈRE

Me faire traiter de *shah braque?*

LA DAME DE PIQUE

Pour ça, il n'y a pas de danger; Votre Majesté va avec trop d'esprit au-devant de toutes les plaisanteries...

LE COMPÈRE

Oui. Oh! vous ne me collerez pas.

LA DAME DE PIQUE

Raison de plus pour accepter...

LE COMPÈRE

A une condition.

LA DAME DE PIQUE

Une condition, sire, laquelle?

LE COMPÈRE

AIR : C'EST UNE IDYLLE (*Petit Duc*)

C'est qu'on me jure, c'est qu'on me jure,
Entendez-vous,
C'est qu'on me jure qu'entre nous
Reste en secret cette aventure.
Point de parjure, point de parjure!
Et qu'entre nous
Reste en secret cette aventure,
Cette aventure.

LA DAME DE PIQUE

Entre nous, sire, entre nous. Et même, si Votre Majesté y consent, ce sera là le titre de la pièce.

LE COMPÈRE

A la bonne heure! Pour commencer, Monsieur le Régisseur voudra bien changer de costume avec moi.

LE RÉGISSEUR (avec empressement)

Troc pour troc? Tout de suite.

LE COMPÈRE

Oh! ne vous excitez pas outre mesure. Entre nous, ce n'est pas le vrai...

LE RÉGISSEUR

Combien en avez-vous donc encore?

LE COMPÈRE

Onze.

LE RÉGISSEUR

Bigre!... alors ça vous en fait douze!

LE COMPÈRE

Oui, mais celui-ci ne compte pas; c'est un douzième *provisoire*.

LE RÉGISSEUR

Alors, je suis volé...

LE COMPÈRE

Bah! vous vous rattraperez au souper : la nuit, tous les *chats* sont gris...

LA DAME DE PIQUE

Allons, messieurs, place au théâtre!

REPRISE DU CHŒUR

Salut! honneur et gloire! etc.

(Le rideau baisse.)

ACTE II

Le théâtre représente la place Vendôme. Vue prise de la porte cochère du Cercle, dont les deux battants forment le premier plan.

SCÈNE PREMIÈRE

LE COMPÈRE (entrant)

La Dame de Pique m'a donné rendez-vous sur cette place... pas un *chat*, excepté moi... Ici, le Cercle ; là, lá colonne... Situation et couplet :

AIR DU LUTH GALANT

Grand monument au sublime fronton
Dont en passant s'honore le piéton,
Comme Napoléon connaissait bien les hommes !...
Lisant dans l'avenir comme les astronomes,
Il a planté devant le Cercle dont nous sommes
Cet autre mirliton,
Ce vaillant mirliton.

Et pour ne pas perdre de temps, j'ai pris une voiture.

SCÈNE II

LE COMPÈRE, UN COCHER DE FIACRE

LE COCHER

Pardon, bourgeois! En me payant tout à l'heure, vous m'avez donné de la fausse monnaie... une pièce russe passe encore... mais une pièce turque... qui représente la lune avec un trou au milieu...

LE COMPÈRE

C'est pour ça qu'elle a cours en Perse, mon ami! Du reste, je ne veux vous faire aucun tort, car j'ai été enchanté de votre nouvelle voiture...

LE COCHER

Le petit cab à quatre roues?... Oui, monsieur, ça a beaucoup de succès.

LE COMPÈRE (lui donnant de la monnaie)

Tenez, mon ami. (A part.) Il est très-bien, ce garçon-là; il a tout à fait l'air d'un cocher de bonne maison... (Haut.) Est-ce qu'il y a longtemps que vous êtes *pochet*...(1) cocher... veux-je dire.

---

(1) Surnom donné au comte de Fitz-James dans l'intimité.

LE COCHER

Depuis ma naissance, monsieur ; père et mère inconnus... On m'a trouvé un soir dans une citadine, en relevant les stores...

LE COMPÈRE

Dans une citadine ! Qui sait ? Votre père était peut-être un mylord ?

LE COCHER

Je n'en serais pas plus fier pour ça, monsieur.

LE COMPÈRE

Il est plein de cœur !

LE COCHER

AIR DE RENAUDIN DE CAEN

D'un bout à l'autre de Paris,
En voiturant jusqu'à leurs portes
Un tas de gens de toutes sortes,
J'observe et j'ai beaucoup appris.

Primo, je vais prendre à la gare
Les voyageurs et leurs colis ;
Les premiers, dans cette bagarre
Ne sont pas toujours très-polis.

Quand tout commence à s'animer
J'ai fait déjà plus d'une course.
A midi, je jette à la Bourse
Les pigeons qui s'y font plumer.

Parfois, en modeste toilette
Je conduis, d'assez grand matin,
Des belles dames en cachette
Dont le but paraît incertain...

N'allez pas, ce serait fâcheux,
N'allez pas autrement l'entendre,
Ce sont des dames qui vont rendre
Visite à quelques malheureux.

Tantôt, sortant de la taverne
Entre deux vins, c'est un pioupiou :
« Ohé ! cocher, à la caserne ! »
En un quart d'heure il est au clou.

Le samedi survient, et crac !
Pour la noce il faut que j'attèle,
Et nous allons en ribambelle
Faire trois fois le tour du lac.

En rentrant, j'ouvre la portière
Et souvent dans l'intérieur
J'ai retrouvé la jarretière
De la demoiselle d'honneur...

Mais dans tous les cas, j'ai rendu
L'objet perdu que l'on déclare,
A moins que ce que l'on égare
Ne soit à tout jamais perdu !

Vous voyez que dans tout Paris
En voiturant jusqu'à leurs portes
Un tas de gens de toutes sortes
J'ai beaucoup vu, beaucoup appris.

(Le cocher sort.)

SCÈNE III

LE COMPÈRE (seul)

Décidément, il est très-bien, ce cocher-là! Ça m'étonnerait beaucoup s'il lisait le *Rappel* comme ses confrères... Ah ça! et mon rendez-vous? Car elle est fort piquante, cette Dame de Pique! Je me sens tout près d'avoir du cœur pour elle; je serais même volontiers son valet de carreau... pour faire quarante de bézigue avec elle... et même cinq cents... Ah! l'amour, l'amour, c'est ça qui nous perd, nous autres hommes... (Au public.) Hier soir, j'étais dans un petit théâtre de genre... de genre leste... pas comme ici... Au fond d'une avant-scène, je découvre avec mes jumelles deux beautés également jumelles... En ma qualité de *chat*, je leur souris... Elles me sourient... Nous nous sourions... A l'entr'acte, je leur fais passer ma carte ornée d'un boîte de fruits frappés, et j'attends, convaincu qu'on va me recevoir sans ballottage, comme ici... Au lieu de ça, qu'est-ce que j'entends? un grand éclat de rire et une des sultanes qui dit à l'autre : « Oh! ma chère, le shah de Perse, encore un farceur!... » Il paraît que depuis un récent procès, ces dames se méfient des gens qu'elles soupçonnent de porter un nom d'emprunt... Avec ça qu'elles se gênent pour en faire autant, elles! Le dénouement, vous le devinez :

AIR DE LA FIN DU RONDEAU DE LA PAYSANNE (*Petit Duc*).

Tous mes espoirs étaient trompés,
Je r'gagnai ma place en silence,
J'leur ai laissé mes fruits frappés,
Mais j'ai gardé mon innocence !

SCÈNE IV

LE COMPÈRE, LA DAME DE PIQUE

LA DAME DE PIQUE

Je vous ai fait attendre, sire !

LE COMPÈRE

Je devine... vous avez encore passé la nuit là-haut?

LA DAME DE PIQUE

Que voulez-vous! Esclave du devoir... très-tranquille, d'ailleurs, la partie... personne n'a attrapé la c... le pantalon...

LE COMPÈRE

Ah! ça... Mais, pardon! j'ai hâte de voir tout ce que vous m'avez promis.

LA DAME DE PIQUE

Grand impatient!... En vrai disciple de Mahomet,

vous voulez aller à la montagne. Tenez, voici déjà la montagne qui vient à nous.

SCÈNE V

LE COMPÈRE, LA DAME DE PIQUE,
TROIS COMMISSIONNAIRES chargés de tableaux,
puis L'EXPOSITION DU CERCLE

LES COMMISSIONNAIRES

AIR : A MON BEAU CHATEAU

Porteurs d'objets d'art
Allons boire un dernier verre,
Un commissionnaire
A le droit d'être en retard !

LA DAME DE PIQUE

En retard ! je crois bien ! l'Exposition du Cercle est finie depuis six semaines et vous en êtes encore à rapporter les tableaux à domicile !

LE COMPÈRE

Au domicile des artistes ?

L'EXPOSITION DU CERCLE (entrant)

Non pas ! sire, au domicile des gens de goût qui ont eu le bon esprit de les acquérir.

LE COMPÈRE

C'est donc vous, madame, qui êtes?...

L'EXPOSITION DU CERCLE

L'Exposition de peinture du Mirliton, oui, sire.

LE COMPÈRE

Comme ça se trouve! Moi qui avais toujours envie de savoir peindre!

L'EXPOSITION DU CERCLE

Vous apprendrez sous mon *égide*. Voyez ces murs, est-ce qu'ils n'ont pas l'air de vous tendre les bras?

AIR DU RONDEAU DES DEUX MAITRESSES

Là des artistes,
Joyeux ou tristes,
De leur palette ont prodigué les tons;
L'art se prélasse
Et se surpasse
Un mois durant au club des Mirlitons!

Nous avons, nous, nos peintres de bataille,
Ici du moins pas un n'est exilé;
Et c'est en vain que la gloire est de taille,
Devant Detaille, elle a capitulé!

Qu'on les honore,
Qu'on les décore,
Berne et Protais, vos troupiers éclatants;

Vois ton *otage*
Que l'on outrage,
Neuville, il rit des outrages du temps.

Oui, sur ma foi, si l'art est un royaume
Combien de rois on a pu coudoyer :
Ton *saint Jérôme* indique un roi, Gérôme ;
Notre Duran, c'est Carolus premier.

Quand on s'appelle
Bonnat, Landelle,
Saintin, Clairin...—j'en passe aux premiers rangs; —
Nos portraitistes
Sont des artistes
Qui ne font pas plaisir aux seuls parents.

Tous ces tableaux auxquels on a fait fête,
Je les connais... ce sont des vieux amis...
Mais quelquefois ils dansent dans ma tête,
Je les mélange et j'en fais des salmis.

Idéalistes
Ou réalistes,
Russes, Anglais se frottent le museau
Et ta cocotte,
Duez, grignotte
Les cornichons de Philippe Rousseau.

Brown, tes chevaux dressant leurs nobles crêtes
Vers le succès galopent sans faux pas.
Jadin, Lambert ont pour sujets des bêtes...
Leurs sujets seuls ne les admirent pas.

Mais je m'égare...
Sans crier gare
J'allais finir, oubliant nos sculpteurs :
Une fanfare !
Franceschi, Barre,
Et Saint-Marceaux... Marbre, tes grands dompteurs !

Un dictateur loin d'Épinay-sur-Orge
A confondu le faux avec le vrai :
Aux Mirlitons, le public qui regorge
Avec Pradier, confondra d'Epinay.

Heureuse salle
Où l'art s'étale
Toujours, partout, sous maints aspects rivaux;
Où la musique,
L'art dramatique,
L'art de l'escrime ont aussi leurs dévôts!

Heureux écrin, où la beauté s'enchâsse;
Car le Salon avouera sans détour
Que son seul rêve est que le cercle passe
De ce Salon la revue à son tour!

TOUS

Là des artistes,
Joyeux ou tristes,
De leur palette ont prodigué les tons :
L'art se prélasse
Et se surpasse
Un mois durant, au Club des Mirlitons.

L'EXPOSITION DU CERCLE

Et maintenant, en route!

LE COMPÈRE

Et surtout, gare aux voitures!

PREMIER COMMISSIONNAIRE

Ne craignez rien, mon bourgeois, nous repartons du

pied gauche... le temps seulement d'entrer chez le marchand de vin, casser une croûte...

LE COMPÈRE

Si vous ne cassez que des croûtes, je suis rassuré, ces tableaux sont en sûreté...

L'EXPOSITION ET LES COMMISSIONNAIRES

Là des artistes
Joyeux ou tristes, etc.

(Les Commissionnaires sortent, précédés de l'Exposition du Cercle.)

SCÈNE VI

LA DAME DE PIQUE, LE GAVROCHE, LE COMPÈRE

GAVROCHE (entrant)

Demandez la question du chat... Où est le chat?... trouvez le chat!... Dix centimes, deux sous.

LE COMPÈRE (avec reproche)

Comment, madame, on vend déjà ma photographie en compère de Revue?

LA DAME DE PIQUE

Mais non, sire, c'est le jeu à la mode... Je vais vous en donner la clef.

GAVROCHE

La bourgeoise connaît le truc. Je me la brise...
(Il remonte.)

LA DAME DE PIQUE

Je vous fais fuir ?

GAVROCHE

Pas bien loin... Comme vous voyez, au contraire. Ah! malheur!... S'il y en avait seulement une demi-douzaine comme vous à mon assommoir!

LE COMPÈRE (à part)

Comme distinction, il laisse à désirer.

GAVROCHE

Ne me faites pas rater ma vente, ma présidente; ne dites pas à Monsieur où est le chat... Demandez la question du chat... Où est le chat ? Trouvez le chat !... Dix centimes, deux sous !

LE COMPÈRE

Je n'ai jamais rien lu de ça dans mes feuilles...

GAVROCHE

Dans les feuilles? vous brûlez, mon bourgeois! C'est dans les feuilles qu'il se défile, le malin!

LE COMPÈRE

Qui ça?

GAVROCHE

Le chat, mon ambassadeur!

LA DAME DE PIQUE

Eh! oui, le chat et l'arbre ne font qu'un... c'est la tête qui forme une des branches.

GAVROCHE

Y êtes-vous, ma vieille branche?

LE COMPÈRE

Ah! ça, dites donc, vous!...

GAVROCHE

Excusez, mon Excellence, je n'ai pas étudié pour être député de Paris...

LE COMPÈRE

Vous le serez peut-être tout de même.

GAVROCHE

Je ne dis pas non! En attendant... demandez la question du chat, où est le ch...?

LE COMPÈRE

Ah! bien non! assez de chat comme ça!... Autre chose...

GAVROCHE

Préférez-vous la question d'Orient? Cherchez où est le Bulgare...

AIR DE L'ANTIQUAIRE

Dix centimes, deux sous,
Messieurs, amusez-vous,
Le Bulgare ou le Chat...
Pour le chat ne soyez pas rat.

LA DAME DE PIQUE

Sur ces cartons, sans être pédagogue,
On peut trouver toujours en cherchant bien...
Dans les cartons d'architectes en vogue
Combien de fois on ne découvre rien!

GAVROCHE

Tout ce qu'on admira
Se questionnera.
Où est l'amant d'Amanda?
Oùsqu'est la canne à Canada?

LA DAME DE PIQUE

Mais cependant encor que de lacunes
Ces questions laisseront au chercheur!
Où découvrir, sire, les vieilles lunes
Les vieux serments, les énigmes du cœur?

GAVROCHE

Les gardiens de la paix,
C'est des esprits épais,
Ça fait ses embarras,
Ça voit le mal où ça n'est pas.

Mes questions ont parfois quelque chose
Qui n'est pas fait, c'est vrai, pour les couvents...
La question alors que je me pose
C'est de savoir me garer des agents.

Cuisinières, pompiers,
Achetez mes derniers,
Le plaisir des enfants
La tranquillité des parents!

LE COMPÈRE

Je suis surpris, moi, je vous le déclare,
Qu'un grand pays qui sait bien ce qu'il vaut,
En cherchant là le chat ou le Bulgare,
N'ait pas trouvé qu'il était un nigaud.

ENSEMBLE

Dix centimes, deux sous, etc.

GAVROCHE

Monsieur, vous êtes prié de ne pas gâter le métier... les affaires ne vont pas déjà tant!... Je sais bien qu'on nous dit tout bas de dire tout haut que ça va bien, mais, entre nous, voyons, mon gentilhomme, un bon mouvement, prenez le tas.

LE COMPÈRE

Vous m'ennuyez à la fin, avec vos questions. (Il lui donne de l'argent.) Tenez!... fichez-moi le camp.

GAVROCHE

Deux louis!... Où sont les jardiniers?

LE COMPÈRE

Encore?...

GAVROCHE

Je vais vous le dire tout de même. Les jardiniers, ils sont dans les pièces, parce que les pièces ont de bons *poids*.

LE COMPÈRE

Pouah !

GAVROCHE

C'est bon! on se carapate... Et maintenant, messeigneurs, chez la duchesse d'Étampes!...

Reprise de l'air précédent

Dix centimes, deux sous,
Messieurs, amusez-vous, etc.

LE COMPÈRE

Décidément, il manque tout à fait de distinction.

SCÈNE VII

LE COMPÈRE, LA DAME DE PIQUE,
UN MONSIEUR

LE MONSIEUR (entrant)

AIR DU TRAMWAY

Que c'est beau
Le nouveau!
Place, place, place!
Admirez,
Comparez,
V'là le progrès qui passe
Et toujours du nouveau!

(A la fin du couplet, le monsieur donne un coup de langue dans un cornet acoustique qu'il tient à la main, et on apporte en scène un appareil télégraphique.)

LE COMPÈRE

Comment, encore un tramway!..., même sur la place Vendôme.

LA DAME DE PIQUE

Mais non, c'est un fabricant de téléphones.

LE MONSIEUR

Le téléphone, monsieur, la plus belle invention des temps modernes... le moyen de causer à n'importe quelle distance, avec n'importe qui, sans que personne vous entende.

LE COMPÈRE

Pas même celui qui vous écoute!

LE MONSIEUR

Si, monsieur, lui seul... De plus, l'instrument permet encore de saisir, à l'insu des personnes, les conversations plus ou moins criminelles qu'elles peuvent tenir dans un boudoir, ou même au fond d'un bosquet...

LE COMPÈRE

C'est un agent de police alors, votre instrument?

LE MONSIEUR

Un agent de contrôle tout au plus. Exemple : Monsieur a bien quelque part une petite connaissance à chignon jaune?

LE COMPÈRE

Mon Dieu, non... Fonctionnaire étranger, arrivé d'hier, je n'ai pas encore eu le temps de...

LE MONSIEUR

En ce cas, monsieur a bien au moins une femme légitime dans son pays?

LE COMPÈRE

J'en ai même plusieurs...

LE MONSIEUR

Plusieurs femmes... Fonctionnaire étranger... Ce n'est pas difficile à deviner; monsieur est le Ministre italien dont on a tant parlé...

LE COMPÈRE

Non, monsieur, j'habite la Perse!...

LE MONSIEUR

Ah! tant pis !... ou plutôt, tant mieux, car c'est en

core plus loin, et l'expérience n'en sera que plus concluante. Nous disons donc que monsieur a tout là-bas plusieurs petites persiennes...

LE COMPÈRE

Persanes, monsieur... du moins d'après Montesquieu.

LE MONSIEUR

Je disais *persiennes,* à cause de la *jalousie* qu'elles peuvent vous inspirer.

LE COMPÈRE

Oh! je n'en ai aucune... je suis très-philosophe... D'ailleurs, ceux qui sont préposés à leur garde sont absolument incapables d'en abuser, et à moins que quelque Almaviva venu de l'extérieur...

LE MONSIEUR

Voici justement ce dont je vous offre de vous assurer à l'aide du téléphone.

LE COMPÈRE

Si vous y tenez absolument...

LE MONSIEUR

C'est l'affaire d'un instant. L'appareil que voici communique avec la Direction générale et de là avec tous les points du globe. D'un coup de pouce, je le mets en communication avec Téhéran... ça y est... Pardon... monsieur, le nom de votre correspondant là-bas?

LE COMPÈRE

Mon Dieu! le premier ministre venu... Pélikan, ministre des finances.

LE MONSIEUR (télégraphiant)

Et de la part de qui?

LA DAME DE PIQUE

De la part du shah... tout simplement...

LE MONSIEUR

En effet, j'aurais dû m'en douter... tant de grâce, de distinction...

LA DAME DE PIQUE (à part)

Il a envie d'avoir une décoration. (On entend un signal électrique.)

LE MONSIEUR

Voilà qui est fait, sire... Monsieur Pélikan est à son poste!

LE COMPÈRE

C'est bien extraordinaire; d'habitude il n'y est jamais.

LE MONSIEUR

Votre Majesté permet que je lui donne quelques ordres en son nom?

LE COMPÈRE

Ne vous gênez donc pas... ne vous gênez donc pas!

LE MONSIEUR (télégraphiant)

Ordre d'introduire immédiatemement le fil téléphonique dans la salle du harem. (Signal.) Avis conforme? Ça y est... Et maintenant, Votre Majesté n'a qu'à appliquer son oreille au téléphone pour entendre distinctement tout ce qui se passe en ce moment dans l'alcôve de la sultane favorite...

LE COMPÈRE (écoutant)

Oh! monsieur! je parie qu'elle dort en rêvant de moi... (L'orchestre joue l'air du carillon de Dunkerque.) Les Cloches de Corneville! Ah! diable! il paraît qu'elle ne rêve pas de moi... Au contraire... Je vous remercie infiniment, monsieur, je suis complétement fixé...

LE MONSIEUR

Sire, je suis vraiment désolé.

LE COMPÈRE

Désolé de quoi? Il n'y a rien là que de très-naturel, quand le *chat* est absent, les houris dansent!...

LE MONSIEUR

En effet, sire, le côté des femmes est toujours un peu risqué; mais du côté des hommes...

LE COMPÈRE

Vous croyez qu'en prêtant l'oreille sur la place publique, la grande voix du peuple me serait restée plus fidèle?...

(Signal électrique.)

LE MONSIEUR

J'ai devancé votre idée, sire; le fil téléphonique est actuellement au milieu de la foule, sous les fenêtres même de votre palais. Libre à Votre Majesté d'écouter les actions de grâce dont elle est l'objet...

LA DAME DE PIQUE

Voilà qui est palpitant d'intérêt!

LE COMPÈRE

Allons-y gaiement... (Tandis qu'il écoute au téléphone, l'orchestre joue la *Marseillaise*.) La *Marseillaise!* Vive la République!... Le canon!... Je vous remercie infiniment, mon cher monsieur, je suis entièrement fixé...

LE MONSIEUR

En vérité, sire, je suis désolé.

LE COMPÈRE

Désolé de quoi?... Félicitez-moi, au contraire. Si j'étais resté là-bas, on m'aurait retenu comme otage... on aurait fait de moi un *shah rançon*... Avouez que vous alliez le faire, celui-là.

LE MONSIEUR

Jamais, sire!... en pareille circonstance!

LE COMPÈRE

Ne vous gênez donc pas, ne vous gênez donc pas!

LA DAME DE PIQUE

J'admire votre calme... Moi, à votre place...

LE COMPÈRE

A ma place vous auriez fait comme moi. Il y a longtemps que j'ai pris mes précautions...

LE MONSIEUR

Je comprends, toute votre fortune est en consolidés anglais.

LE COMPÈRE

Mon Dieu, non! en chemins de fer français. Il est vrai que c'est sur les petites lignes, mais comme l'État va les racheter, je n'en aurai pas moins fait une excellente affaire.

LE MONSIEUR

Alors vous n'avez pas de rancune?

LE COMPÈRE

Pas la moindre.

AIR du Bouton de rose

Privé du trône,
Aux yeux de mes sujets, je veux
N'avoir pas l'air de rire jaune
Et leur transmettre mes adieux
Par téléphone.

SCÈNE VIII

LES PRÉCÉDENTS, UN DEUXIÈME MONSIEUR

LE DEUXIÈME MONSIEUR

Le téléphone! allons donc, monsieur, vous retardez. Cinq minutes après sa naissance, le téléphone était déjà détrôné par le phonographe.

LE COMPÈRE

Tiens, comme ça se trouve! il n'y a pas cinq minutes que le téléphone m'avait détrôné moi-même, A moins toutefois que madame et moi n'ayons été victimes d'une mystification bien excusable d'ailleurs.

LA DAME DE PIQUE

Dame! vous savez, sire, dans une Revue, on doit s'attendre à tout...

LE COMPÈRE

Parbleu! ne vous gênez donc pas! C'est comme monsieur, je parierais qu'il va encore nous annoncer une nouvelle révolution avec son... comment avez-vous dit?...

LE DEUXIÈME MONSIEUR

Phonographe, monsieur. La plus belle inventio

des temps modernes : la mise en bouteille du son, la boîte à conserves de la parole... en un mot, le sténographe vocal.

LE COMPÈRE

Allons, bon! voilà que c'est un sténographe, à présent!... Tout à l'heure, vous disiez un phonographe... Il faudrait pourtant s'entendre...

LE DEUXIÈME MONSIEUR

Mais... monsieur, vous ne me donnez pas le temps de vous expliquer.

LE COMPÈRE

C'est vrai, pardon! Je suis un *shah prompt*. Après, ça vaut mieux que d'être un *shah lent*. (A la Dame de Pique.) Avouez que vous aviez envie de les faire, ces deux-là.

LA DAME DE PIQUE

Moi, pas du tout, vous vous en acquittez trop bien tout seul...

LE DEUXIÈME MONSIEUR (étonné)

Qu'est-ce que ça veut dire?

LA DAME DE PIQUE

Ne faites pas attention. Monsieur est le shah de

Perse, et il fait tout le temps des calembours sur son nom.

LE COMPÈRE

J'ai fini, madame... la série est épuisée; mais si monsieur désire que je les recommence pour lui?...

LE DEUXIÈME MONSIEUR

Inutile, sire... Depuis le commencement de la pièce, un phonographe, placé dans le trou du souffleur, les a servilement recueillis, et dans cent ans d'ici...

LE COMPÈRE

Dans cent ans? Vous ne les trouvez donc pas déjà assez vieux?

LE DEUXIÈME MONSIEUR

En ce cas, mettons quinze jours... Et dans quinze jours, dis-je, il suffira de tourner la manivelle pour les entendre éclore de nouveau avec cette intonation royale et cette voix mélodieuse qui n'appartiennent qu'au shah...

LE COMPÈRE

Et si le shah en avait *un* dans la gorge?

LE DEUXIÈME MONSIEUR

L'instrument aurait le regret de reproduire les couacs.

LE COMPÈRE

Mais alors c'est merveilleux...

AIR DE MADAME FAVART

Quand une chanteuse est trop laide,
Au lieu d'aller à l'Opéra,
Du phonographe invoquant l'aide,
C'est l'instrument qu'on enverra.
Puis en jouant de la phonographie,
Pour le plaisir des yeux, on se mettra
Devant une photographie
De la charmante Barretta.

LE DEUXIÈME MONSIEUR

Bravo, sire, vous êtes en plein dans le mouvement !...

(La Dame de Pique et les deux messieurs sortent.)

LE COMPÈRE

C'est égal, entre nous, le phonographe m'a tout l'air d'une farce de carnaval...

SCÈNE IX

LE COMPÈRE, LE CARNAVAL,
suivi de trois masques très-maigres.

LE CARNAVAL

Le Carnaval, monsieur?

AIR DE MARLBOROUGH

Le carnaval est mort
Mironton, tonton, mirontaine!
Le carnaval est mort
Est mort et enterré!

LE COMPÈRE

Pauvre jeune homme, il m'intéresse... J'ai envie de... (Il met la main à son gousset.)

LE CARNAVAL

Merci de votre pitié, mon bon monsieur; l'argent répandu à flots ne me ressusciterait pas. Je suis, ou plutôt j'étais le Carnaval; et maintenant, regardez mes trois Jours Gras! Je viens de rencontrer le Carême; en nous voyant, il a avalé de rire une arête.

LE COMPÈRE

En effet, je m'aperçois que vos jours gras ont subi un sérieux benting.

LE CARNAVAL

Hélas! oui, Monsieur.

AIR : Quand vous verrez tomber les feuilles mortes

Mes jours sont condamnés, je vais quitter la terre.
Je vais dans le néant m'engloutir pour jamais.
Adieu les bals, adieu les pas de caractère,
Adieu masques charmants, adieu ce que j'aimais !
Mes grelots sont brisés et mes crêpes célèbres
Seront les crêpes noirs qui feront mon linceul...
Quand vous assisterez à mes pompes funèbres,
Vous qui m'avez aimé, vous suivrez mon cercueil. (*bis*).

LE COMPÈRE

Alors c'est un suicide?

LE CARNAVAL

Un suicide! non, monsieur! C'est elle, la méchante femme! Tenez, la voilà, ma meurtrière!

(La Politique entre, étendant impérieusement la main vers le Carnaval.)

LE COMPÈRE

J'avoue qu'elle a des yeux assassins.

LE CARNAVAL (reculant)

Je sors, madame, je sors.

Reprise de l'air précédent

Le carnaval est mort, etc.

(Le Carnaval et les trois Jours Gras sortent.)

SCÈNE X

LE COMPÈRE, LA POLITIQUE

LE COMPÈRE

Vous êtes accusée d'avoir tué le Carnaval à Paris; c'est un crime capital contre la capitale. Approchez, belle dame, et jurez de dire la vérité, rien que la vérité.

LA POLITIQUE

Rien que la vérité, moi?... Si vous me connaissiez!...

LE COMPÈRE

Mais en ce moment vous êtes Phryné et je suis, moi, l'Aréopage de mon collègue Gérôme...

LA POLITIQUE

Ah! monsieur, trêve de galanteries; quand vous saurez qui je suis...

LE COMPÈRE

Votre nom est donc bien terrible?...

LA POLITIQUE

J'ose à peine le dire.

LE COMPÈRE

Osez, madame, vous le pouvez devant moi qui voudrais tout oser...

LA POLITIQUE

Eh bien! oui, c'est vrai. (Montrant la porte.) Ceci a tué cela! La Politique a tué le Carnaval.

LE COMPÈRE

La Politique?

LA POLITIQUE

Oui, la Politique, le grand trouble-fête, l'éternelle pomme de discorde, l'incommode intrus qui se glisse partout, à tous les foyers...

AIR : ON PREND UN ANGE D'INNOCENCE (*Barbe Bleue*)

Voyez les dîners de famille :
Le début est calme et joyeux,
Sur tous les fronts la gaîté brille,
Les époux se font les doux yeux.
On se lutine, on s'émoustille.
Le rire aiguise l'appétit...
Mais quand je viens en trouble-fête,
Les convives perdent l'esprit...
Les plats qu'on se jette à la tête,
Voilà comment cela finit.

LE COMPÈRE

L'aveu de vos torts vous honore, mademoiselle, et

s'il vous plaît de passer à la droite des spectateurs pour achever votre confession...

LA POLITIQUE

Impossible, sire! Pour le moment, je suis à gauche; j'y reste!

LE COMPÈRE

En effet, il paraît même que vous en faites de belles à votre Chambre...

Reprise de l'air précédent

On est d'abord parlementaire,
Obséquieux, doux, avenant;
On appelle son adversaire
L'honorable préopinant.
C'est le paradis sur la terre.
Mais soudain un cri retentit :
Deux décembre. quatre septembre!...
Témoins, duels, tout ce qui s'ensuit...
Et les blessés gardent la chambre.
Voilà comme cela finit.

Heureusement que nous sommes ici entre nous...

LA POLITIQUE

Ne vous y fiez pas trop. Si je voulais m'en donner la peine, il me suffirait de jeter une étincelle dans cette salle pour y mettre le feu, ou de montrer le bout de mon nez là-haut pour y brouiller les cartes.

LE COMPÈRE

Vous vous faufilez donc partout?

LA POLITIQUE

Partout, sire... qu'il s'agisse d'amour ou de jeu, je suis de toutes les parties.

AIR : Chacun connait de Colombine (*Surprise de l'Amour*)

Un amoureux dans la charmille
Tremblant d'émoi,
S'écrie : Aimable jeune fille
Écoute-moi !...
Elle, au milieu de la déroute
De sa vertu,
Répond : Pour qui, si je t'écoute,
Voteras-tu ?...
Qui s'y frotte s'y pique,
Chacun ici vous le dira :
Gare à la Politique,
Ah !

C'est à ce point, qu'on ne demande plus à un acteur s'il a du talent... On lui demande de quel comité il fait partie. Tenez, vous avez peut-être entendu dire qu'on allait jouer une Revue au Cercle de l'Union artistique?

LE COMPÈRE

Oh ! j'en ai comme un bien vague soupçon.

LA POLITIQUE

Eh bien! les auteurs voulaient m'introduire par une

toute petite porte, celle du rire. Ils voulaient présenter à un public indulgent le nouveau conseil municipal de Paris, prendre contre moi la défense du boulevard Haussmann et de la rue St-Arnaud dont je voudrais changer les noms; bref, n'épargner aucun de mes ridicules... Il y avait surtout un rondeau sur un air... sur un air... attendez donc...

LE COMPÈRE

Parbleu! celui qu'on doit chanter en Perse à l'heure qu'il est:

(Fredonnant.)

C'était bien la peine,
Oui, bien la peine, assurément
De changer de Gouvernement!

LA POLITIQUE

Précisément; mais vous savez, les auteurs ont beau ciseler des couplets... vous êtes orfévre, monsieur Josse... et alors...

Air précédent

On leur a dit pour leur gouverne :
Glissez beaucoup.
Parfois cherchant la baliverne,
On trouve un loup.
Rentrez le dard de vos abeilles,
Car, entre nous,
On voit le bout de vos oreilles
Méfiez-vous...
Qui s'y frotte s'y pique!
Chacun ici vous le dira :
Gare à la politique,
Ah!

Et là-dessus, ils sont venus tout confus me signifier mon arrêt.

LE COMPÈRE

J'espère que vous les avez traités de lâches, de capitulards.

LA POLITIQUE

Nullement, sire, je leur ai dit :

AIR : HÉLAS ! ELLE A RAISON (*Petit Duc*)

Il ne faut pas qu'on se chamaille,
Messieurs, je ne veux rien aigrir,
Au moins il me reste Versaille,
C'est là-bas que je dois courir.
Donc, chers auteurs, je me désiste
Car en restant, je risquerais
De n'être point opportuniste } *bis.*
Et c'est pour ça que je m'en vais }

LE COMPÈRE

Partez donc, puisqu'il le faut... Je ne regrette qu'une chose, c'est de ne pouvoir vous suivre dans votre Chambre et me perdre dans le sein de vos commissions. Au moins, là...

LA POLITIQUE

Pas davantage !...

REFRAIN DE L'AIR : CHACUN CONNAIT DE COLOMBINE

Qui s'y frotte s'y pique,
Chacun ici vous le dira :
Gare à la politique,
Ah !

(La Politique sort.)

LE COMPÈRE

Elle est charmante, mais j'aime mieux autre chose...

SCÈNE XI

LE COMPÈRE, LA MANDARINA,
puis le GÉANT CHINOIS.

(La Mandarina est portée dans un palanquin.)

LA MANDARINA

AIR DU PALANQUIN (*Barbe Bleue*)

Voici dans son palanquin,
En corsage de nankin,
Cré coquin, cré coquin !
La bell'Chinoise de Pékin...

LE GÉANT (entrant)

Et puis dans son casaquin
Dominant le baldaquin,
Cré coquin, cré coquin !
Le grand Chinois de Pékin...

ENSEMBLE

Voici dans son palanquin
En corsage de nankin,
Cré coquin, cré coquin!
La bell'Chinoise de Pékin.

(Les porteurs posent le palanquin à terre.)

LE COMPÈRE

Quelles sont ces deux potiches?

LE GÉANT

Le célèbre géant tartare.

LA MANDARINA

La jolie Chinoise, sa compagne.

LE GÉANT

Mandarin lettré...

LA MANDARINA

Coçodette du Céleste Empire...

LE GÉANT

Les mêmes qui reviennent périodiquement à chaque Exposition...

LE COMPÈRE

Alors, vous êtes des Chinois qu'on avait déjà vus *auparavant*...

LA MANDARINA

Oui, monsieur, mais qu'on retrouve toujours avec un nouveau plaisir.

LE COMPÈRE

Et naturellement, vous êtes descendus chez la mère Moreau?

LE GÉANT

Non, monsieur... à l'Exposition même, au bazar chinois. C'est moi qui ai apporté la pagode sur mon dos.

AIR : IL ÉTAIT UN PETIT BOSSU (*Petit Duc*)

Je suis le célèbre géant
Si grand, si grand
Et si géant
Que jamais ne fut à la fois,
Que jamais ne fut à la fois
Chinois plus géant, Chinois plus géant,
Géant plus Chinois!

TOUS

Chinois plus géant, Chinois plus géant,
Géant plus Chinois!

LE GÉANT

Pourtant ne croyez pas vraiment
Que mon sort, toujours soit couleur de roses ;
Etre bel homme par moment
C'est un embarras pour beaucoup de choses,
Ah ! ah ! ah ! ah !
La dame avec qui je veux rire
Ah ! ah ! ah ! ah !
Ne manque pas de dire :
Mon Dieu ! que c'est grand
Mon Dieu ! que c'est trop,
D'avoir un amant
De huit pieds de haut !

TOUS

Mon Dieu ! que c'est grand,
Mon Dieu ! que c'est trop,
D'avoir un amant
De huit pieds de haut !

LE GÉANT

Et voilà comment
C'est souvent gênant
D'être si géant !

TOUS

Et voilà, voilà comment
C'est souvent gênant
D'être si géant !

LE COMPÈRE

C'est évident... Ainsi, par exemple, quand madame

veut vous embrasser, elle est obligée de monter sur son palanquin... et puis de son palanquin sur son baldaquin, c'est fort taquin.

LE GÉANT

Oui, monsieur, tel que vous me voyez, j'ai huit pieds.

LE COMPÈRE (passant sous son bras.)

Huit pieds!

LA MANDARINA

Oui, mais en revanche, moi je n'en ai pas.

LE COMPÈRE

Vous n'avez pas de pieds?

LA MANDARINA

Ou du moins si peu, que ce n'est pas la peine d'en parler; c'est un chic de grande dame : plus les pieds sont petits, plus la dame est grande.

AIR DE L'AMANT D'AMANDA

Je suis la Mandarina
Et chacun vous dira comme
Là-bas on me décerna
La Royauté de la Gomme.

A Pékin comme à Paris
Les refrains sont à la mode
Et l'on répète à grands cris
En passant sous ma pagode :
Qu'est-c' qu'a des yeux longs comm' çà ?
C'est la Manda, c'est la Manda —
— Rina !

II

Même refrain favori
Quand, sous la voile où je trône,
La jonque de mon mari
Glisse sur le fleuve Jaune,
Pour célébrer mes appas,
Tour à tour changeant de thème,
Ceux que je ne montre pas,
On les chante tout de même :
Qu'est-c' qu'a des p'tits pieds comm' çà ?
C'est la Manda, c'est la Manda —
— Rina !

LE COMPÈRE

Comment, c'est tout ?...

LA MANDARINA (baissant les yeux)

Dame, Monsieur...

LE COMPÈRE (à part)

Je crois qu'elle me fait de l'œil... Attends un peu !

Même air

Jadis il était trois sœurs
Qu'on nommait les Hespérides,
Qui, dans des jardins en fleurs,
Cachaient des pommes splendides...
Un dragon veillait en vain,
Nous dit la Mythologie :
Hercule y porta la main
Et voyez l'analogie...
Depuis lors qui les garda?
C'est la Manda, c'est la Manda —
— Rina!

(A part.) Comme j'ai de l'esprit! (Il tombe à genoux.)

LA MANDARINA

Monsieur! monsieur! Qu'est-ce que vous faites là?

LE COMPÈRE

Je tombe à vos petits pieds.

LA MANDARINA

Les laisser voir à un étranger, jamais!... Porteurs!

(Les porteurs enlèvent vivement le palanquin.)

LE GÉANT (mettant la main sur l'épaule du Compère)

Ça ne se fait pas, monsieur.

LE COMPÈRE (fléchissant)

A Pékin, c'est possible... Mais à Paris, je vous assure qu'on ne les cache pas tant que ça...

LE GÉANT

Reprise de l'air du Petit Duc

Mais chez nous c'est défendu,
Jamais on n'a vu
Un petit pied nu.

LA MANDARINA ET LE GÉANT

Oui, chez nous c'est défendu,
Jamais on n'a vu
Un petit pied nu.

LE COMPÈRE

Tant pis ! si c'est défendu,
Mais j'aurais bien vu
Son petit pied nu.
(Le palanquin sort, suivi du géant.)

SCÈNE XII

LE COMPÈRE, d'abord seul, puis L'AVENUE DE L'OPÉRA.

LE COMPÈRE

Ces Barbares ont parfois des pudeurs... Ah! mon Dieu!... Qu'est-ce que j'aperçois-là-bas? Une nuée de travailleurs avec des pioches...

CHŒUR (dans la coulisse)

Pan! pan! le marteau cogne
Pan! pan! n'oublions rien.
Pan! pan! à la besogne
Pan! pan! travaillons bien!

LE COMPÈRE

C'est assommant, ce tapage-là... J'ai envie de leur dire que je suis de l'Internationale. Ça les fera peut-être mettre en grève.

Reprise du chœur.

L'AVENUE DE L'OPÉRA (entrant)

Rassurez-vous, sire, je viens de leur dire de cesser. Et j'y ai quelque mérite, car ces gens-là sont en train de m'embellir.

LE COMPÈRE

A coups de pioche?

L'AVENUE DE L'OPÉRA

Oui, je ne suis pas terminée.

LE COMPÈRE

Pas terminée?... Moi, je vous trouve achevée...

L'AVENUE DE L'OPÉRA

Hélas! non. Et pourtant, il faut qu'on soit bientôt en mesure de me fouler aux pieds...

LE COMPÈRE

Vous fouler aux pieds, vous?... Quels sont les misérables qui oseraient... Ce ne sont sans doute pas ceux de la Porte Saint-Martin, ils sont trop épuisés pour cela!

L'AVENUE DE L'OPÉRA

Les misérables, c'est l'Europe entière qui, à l'ouverture de l'Exposition, se promet de passer et de repasser sur votre servante, l'Avenue de l'Opéra.

LE COMPÈRE

L'Avenue de l'Opéra?... Je croyais qu'on devait vous appeler Avenue Pierre-Corneille.

L'AVENUE DE L'OPÉRA

Oui, mais on a réfléchi. Corneille a déjà, à Rouen, une rue, une statue et une place... car je n'ose vous apprendre que l'auteur du *Cid* est Normand...

LE COMPÈRE

Naturellement, puisqu'on chante partout :

Viv' le cid' de Normandie
Rien ne fait...

L'AVENUE DE L'OPÉRA

Oh ! sire !

LE COMPÈRE

Ne faites pas attention... C'est pour le phonographe une nouvelle série qui commence...

L'AVENUE DE L'OPÉRA

Le nom de Corneille écarté, on a hésité entre celui du Théâtre-Français et celui de l'Opéra ; chacun d'eux faisait valoir ses titres, et quels titres ! Pour décider, on a donné la palme à l'Opéra, parce que c'est encore lui qui a réalisé les recettes les plus *Krauss*.

LE COMPÈRE

Oh ! mademoiselle ! il est de vous celui-là.

L'AVENUE DE L'OPÉRA

Mon Dieu, oui ! il n'est peut-être pas très-*Faure* ?

LE COMPÈRE

Comment, encore ! Moi qui le gardais pour ma collection... Il faudra *Lauters*. Ah ! ah ! avouez que pour celui-là, *le sel y est !*

L'AVENUE DE L'OPÉRA

Décidément, il n'y a pas moyen de lutter...

AIR : QUAND PARIS ÉTAIT A VERSAILLES

En un mot je suis l'avenue
Joignant au Français l'Opéra,
Je suis encore presque nue
Mais bientôt qui vivra verra.

Jeune beauté qu'on se dispute,
J'ai jeté, narguant les vilains,
Mon bonnet par-dessus la butte
L'ancienne butte des Moulins.

Ce vieux monticule eut sa gloire,
Dans ses flancs que le fer meurtrit
Maint nom qu'a recueilli l'histoire
Aima, vécut, pria, souffrit.

Mais, bah ! pour d'antiques murailles
Le progrès n'est pas en émoi,
Et s'il a jamais des entrailles
C'est pour des enfants comme moi !

Moi, dont les voitures s'emparent
Avec leurs roulements joyeux,
Moi, dont les magasins se parent
Déjà pour la fête des yeux ;

Moi qui, raccourcissant l'espace,
Verrai plus tard mon nom béni
Des piétons marchant sur la trace
De Musset ou de Rossini ;

Moi qui, souriante, à l'Europe,
Au monde, étalerai demain
A mes deux bouts le *Misanthrope*
Aux *Huguenots* donnant la main !

LE COMPÈRE

En effet, entre Célimène et Valentine, je me sens déjà pris d'un frisson...

L'AVENUE DE L'OPÉRA

Électrique... ne vous en inquiétez pas, la cause en est à mon nouvel éclairage, au procédé qui fait merveille tous les soirs, à une de mes extrémités... sur la place du Nouvel Opéra. Tenez, en voici justement l'inventeur !...

SCENE XIII

LES PRÉCÉDENTS, L'ÉCLAIRAGE ÉLECTRIQUE.

L'ÉCLAIRAGE ÉLECTRIQUE

AIR :

J'éclaire (*bis*)
Mieux que la lumière
Du gaz ;
J'éclaire (*bis*)
Mieux que Diaz.

J'éclaire tout, sans subterfuges,
L'Opéra, compris les refuges,
Aux cafés du coin les soupeurs,
Dans le Sporting-Club les joueurs,
Même les Éclaireurs...

J'éclaire, etc.

Lorsque je brille sur la place,
J'éclaire le fiacre qui passe
Et, tout comme en plein jour, j'y vois,
En face d'un joli minois,
Le plus heureux des trois...

J'éclaire (*bis*), etc.

Donc, déjà, ma chère, êtes-vous toujours contente de moi ?

LE COMPÈRE

Oh! oh! monsieur est Russe...

L'AVENUE DE L'OPÉRA

Monsieur Diabloskoff...

LE COMPÈRE

Un Russe! C'est du Nord, aujourd'hui, que nous vient la...

L'ÉCLAIRAGE ÉLECTRIQUE

La lumière! Oui, sire... cette maxime n'est pas neuve, mais elle est déjà dans tous nos prospectus...

L'AVENUE DE L'OPÉRA

Naturellement; quand on veut éclairer, on affiche....

LE COMPÈRE

Tiens, ici, au Cercle, c'est tout le contraire : on vous affiche quand vous n'éclairez pas. Enchanté, monsieur, de faire votre connaissance : entre Persans et Russes, nous sommes voisins.

L'ÉCLAIRAGE ÉLECTRIQUE

Raison de plus pour vous laisser éclairer par moi....

LE COMPÈRE

Merci, ça coûte trop cher.

L'AVENUE DE L'OPÉRA

Laissez-le, au moins, nous faire une conférence sur la matière...

LE COMPÈRE

Une conférence? Il aimerait bien mieux un traité secret avec vous...

L'AVENUE DE L'OPÉRA

Tant pis! car, grâce à sa lumière, monsieur aurait pu éclairer un instant les points les plus obscurs, tels que l'entrée de la mer Noire, le fond des poches du khédive ou le tunnel sous la Manche...

L'ÉCLAIRAGE ÉLECTRIQUE

Moi, un Russe!... Oh! pour celui-là, jamais.

L'AVENUE DE L'OPÉRA

En effet, je comprends....

AIR DE L'APOTHICAIRE

Votre éclairage souverain
N'ira jamais, qu'on se le dise,
Franchir le tunnel sous-marin
Pour illuminer la Tamise.
Vous voulez que chaque Français,
L'œil fixé sur votre lumière,
Puisse s'écrier désormais :
Ils n'en ont pas en Angleterre!

(Parlé.) Çà, c'est un Russe qui parle, mais en France...

Reprise de l'air

Ce vieux refrain n'est plus permis,
Car la France est heureuse et fière
De se savoir de bons amis
De vrais amis en Angleterre !

LE COMPÈRE (à l'Avenue de l'Opéra)

Madame, permettez-moi de vous dire que vous êtes bien l'Avenue la plus avenante... (A l'Éclairage électrique) Monsieur le Russe, je n'ai pas besoin de vous conduire jusqu'à la *Porte*...

SCÈNE XIV

LE COMPÈRE, LA DAME DE PIQUE, QUATRE COMMIS DES MAGASINS DE NOUVEAUTÉS.

(Les quatre Commis portent chacun une bannière où on lit : « *Grands Magasins du Louvre, au Bon-Marché, au Printemps, Grands Magasins de la Paix.* »)

LES QUATRE COMMIS (entrant)

AIR DU PHILTRE

ENSEMBLE

Au feu roulant de nos réclames,
Que les badauds soient épatés !
Voici venir les oriflammes
Des magasins de nouveautés.

LE COMPÈRE

Ah! ah! des bannières d'orphéonistes?

LA DAME DE PIQUE

Non pas, sire. Celles de nos plus grands magasins de nouveautés. Si vous désirez voir quelques échantillons de modes...

LE COMPÈRE

Volontiers, d'autant plus que chez nous on est un peu en retard...

LA DAME DE PIQUE

Raison de plus pour établir le contraste, en vous montrant à la fois les deux vivantes antithèses, la crinoline et le fourreau. Voyez!...

(Sur un signe de la Dame de Pique, deux tableaux apparaissent des deux côtés du théâtre, représentant l'un une femme habillée avec une crinoline, l'autre un femme avec une robe-fourreau.)

LA DAME DE PIQUE

AIR : LE PLUS BEL OFFICIER DU MONDE (*Petit Duc*)

Elle a du bon la crinoline
Avec ses élégants arceaux;
La taille s'échappe plus fine
De ce gai fouillis de cerceaux.
Mainte femme aujourd'hui la fronde,
Pourtant grâce à cet objet-là
La plus diaphane de ce monde
Peut laisser voir plus qu'elle n'a.

LE COMPÈRE

Je donne au fourreau la timbale;
Il est si franc le garnement!
Messieurs, si l'épée est loyale,
Le fourreau l'est également.

(Montrant la crinoline.)

Pourquoi nous tromper à la ronde
Avec ces artifices-là?
La plus belle femme du monde
Ne doit montrer que ce qu'elle a.

(Les tableaux disparaissent.)

LA DAME DE PIQUE

Et pourtant, demain peut-être, la mode remettra-t-elle le fourreau au fourreau, si c'est le bon plaisir de ses couturiers.

LE COMPÈRE

Toujours des couturiers! Pourquoi pas des tailleuses pour hommes, des bottières et des chapelières?

LA DAME DE PIQUE

Des chapelières, sire! n'y comptez pas! Il n'y aura même bientôt plus de chapeliers.

(Une machine à faire des chapeaux paraît dans le fond.)

LE COMPÈRE

Qu'est-ce?

SCÈNE XV

LE COMPÈRE, LA DAME DE PIQUE,
puis un EXPOSANT.

LA DAME DE PIQUE

Ce n'est pas une caisse ; c'est la nouvelle machine à faire des chapeaux; elle arrive pour l'Exposition.

L'EXPOSANT

Oui, monsieur, le dernier mot du progrès! Elle confectionne par jour et sans douleur jusqu'à dix mille chapeaux de toutes les formes : des chapeaux cylindriques pour les citadins, des chapeaux pointus pour les artistes, des chapeaux ronds pour les femmes et des chapeaux à cornes pour...

LE COMPÈRE

Pour?...

LA DAME DE PIQUE

Pour les gendarmes.

LE COMPÈRE

Ah! par exemple, je voudrais voir çà.

LA DAME DE PIQUE

Rien de plus facile. Quelqu'un dans l'honorable société aurait-il un lapin?

LE COMPÈRE

Tiens! j'ai justement oublié le mien...

L'EXPOSANT

En voici un. Je vous prie de remarquer que ce lapin n'est nullement préparé. Vous le prenez par les oreilles... Vous le jetez dans la machine : le mécanisme opère... et il en sort, à l'instant même...

LA DAME DE PIQUE (apportant un chapeau)

Un gibus...

L'EXPOSANT (présentant un plat)

Et une gibelotte...

LE COMPÈRE

Un gibus!... une gibelotte!... J'ai envie d'un civet... J'achète un lièvre... et ma cuisinière m'apporte, quoi?... Un chapeau...

LA DAME DE PIQUE

Voilà le progrès.

LE COMPÈRE

C'est égal, votre mécanique aura beau fabriquer des chapeaux, vous avouerez que le tuyau de poële moderne manque de chic...

LA DAME DE PIQUE

Qu'à cela ne tienne!... l'histoire du travail embrasse toutes les époques et les destinées du monde ont tenu plus d'une fois dans le creux d'un chapeau...

AIR : J'eus des succès de bon aloi (*Liberté des théâtres*)

Ce produit-là n'est pas nouveau,
Le feutre appartient à l'histoire :
Le temps, l'amour et la victoire
Ont consacré plus d'un chapeau.

D'abord le chapeau de la ligue,
Chapeau de deuil et de trépas,
Celui de la sanglante intrigue
A lui ne nous arrêtons pas.

Puis vient le chapeau du roman
Fait pour l'amour et pour la guerre,
Le fier chapeau de mousquetaire
Du capitaine d'Artagnan.

Chacun conspirait à la ronde,
La mode le voulait alors...
Les cocodettes de la Fronde
Portaient les chapeaux aux grands bords...

Puis le chapeau des courtisans,
Des marquis à longue crinière
Qu'un tapissier, nommé Molière,
Raillait en termes si plaisants.

Tantôt voici l'ère grivoise
Des gentilshommes raffinés
Qui séduisaient mainte bourgeoise
Sous leurs tricornes galonnés...

Plus tard, couvre-chefs moins altiers,
Ceux de Jean-Jacque et de Voltaire,
Ces deux héros d'un centenaire
Cher au cœur des chocolatiers !

Tout le passé se donne aux diables
Le bonnet rouge est arboré...
Mais rendons grâce aux Incroyables,
Le chapeau n'a pas émigré !

Puis, sur l'oreille bien planté,
Voici le képi de bataille,
Et vos pinceaux, Protais, Detaille,
Lui devront l'immortalité...

De le porter chacun s'honore,
Du général jusqu'au conscrit ;
Saluons-le plus bas encore
Quand la fortune le trahit !...

Mais ces blessures du drapeau,
Notre passé les cicatrise,
Quand sur la redingote grise
Apparaît le Petit Chapeau !

(L'Exposant et les Commis sortent.)

SCÈNE XVI

LE COMPÈRE, LA DAME DE PIQUE.

(Roulement de tambour.)

VOIX (dans la coulisse)

Rompez vos rangs, marche!

(Le clairon sonne *la Berloque*.)

LE COMPÈRE

Comment, encore une Revue?

LA DAME DE PIQUE

Non, sire, c'est l'armée territoriale qui rentre dans ses foyers.

LE COMPÈRE

Comment, déjà?

LA DAME DE PIQUE

Oh! la première série seulement. Entrez, mesdames, et soyez les bien-revenues!

SCÈNE XVII

LES PRÉCÉDENTS, L'INFANTERIE ET L'ARTILLERIE DE L'ARMÉE TERRITORIALE.

L'INFANTERIE ET L'ARTILLERIE

AIR DE LA RETRAITE DES TURCOS.

I

Il ne faut pas que personne ravale
La territoriale;
Du régiment
Nous arrivons gaîment.
Sous le képi,
Treize jours ont suffi
Et mis hors de défi
Ce chic exquis
Que nous avons racquis.

TOUS

Sous le képi
Treize jours ont suffi
Et mis hors de défi
Ce chic exquis
Bien vite reconquis.

II

Dirait-on pas que c'est la mer à boire
Et qu'on paraissait croire
Qu'anciens conscrits
Nous aurions désappris...

TOUS

Sous le képi, etc.

LE COMPÈRE

Alors, ces deux dames représentent...

L'INFANTERIE

L'armée territoriale, mon général.

LE COMPÈRE

Elle m'appelle mon général, même sans mes épaulettes... Quel flair!... Mais pourquoi sont-elles deux?

LA DAME DE PIQUE

Pour personnifier les deux armes qu'on a convoquées cette année.

L'INFANTERIE

Moi, je suis l'infanterie, mon général.

L'ARTILLERIE

Et moi, mon général, je suis l'artillerie.

LE COMPÈRE

L'artillerie... Je regrette de ne pas être l'homme-canon. Je l'aurais prise pour servante... Ah! ça, dites donc, entre nous, est-ce que ça ne vous a pas fait un peu marronner de reprendre le flingot?

L'INFANTERIE ET L'ARTILLERIE

Pas trop, mon général, pas trop...

AIR DES PETITS BATEAUX.

L'INFANTERIE

Disons-le sans détours,
Les premiers jours
C'est un peu rude,
Mais l'ancienne habitude
A lestement repris son cours.

L'ARTILLERIE

Dans le flagrant délit
D'un songe qui s'égare,
Le réveil en fanfare
Vous campe à bas du lit.

L'INFANTERIE

A droite alignement!
C'est l'appel qui commence...
Tour à tour en cadence
Chacun répond : Présent!

De là sur le terrain
En avant, marche à l'exercice...

L'ARTILLERIE

De la pièce en service
Moi, je saute sur l'avant-train.

D'un petit vent frisquet
L'estomac sent l'étreinte,
Et çà vaut, comme absinthe,
Un fameux perroquet.

L'INFANTERIE

Enfin, tambours battants,
Rentre au quartier la troupe
Et quand sonne la soupe
Mazette, qu'il est temps!

Pour la corvée, hélas!
Ensuite on retrousse ses manches...

L'ARTILLERIE

Quand on a les mains blanches
C'est un peu dur en pareil cas!

L'INFANTERIE

Puis sur le fusil Gras
Théorie à la chambre,
Le doux parfum de l'ambre
Vrai Dieu, n'y règne pas.

L'ARTILLERIE

Bref, du matin au soir
Rien ne nous a fait grâce,
Si bien que le temps passe
Sans s'en apercevoir.

L'INFANTERIE ET L'ARTILLERIE

Disons-le sans détours,
Les premiers jours
C'est un peu rude,
Mais l'ancienne habitude
A lestement repris son cours.

TOUS

Disons-le sans détours, etc.

VOIX NOMBREUSES (dans la coulisse)

Ah! ah!... Bravo, place, place!

LE COMPÈRE (regardant)

Ah! mon Dieu! Qu'est-ce que c'est?... Une émeute?

LA DAME DE PIQUE

Mais non! ce sont les étudiants espagnols.

LE COMPÈRE

Comment, ils sont donc revenus de Madrid?

LA DAME DE PIQUE

Oui, de Madrid au bois de Boulogne, chez le comte d'Osmond.

SCÈNE XVIII

LES PRÉCÉDENTS, LES ÉTUDIANTS ESPAGNOLS

CHŒUR DE L'ESTUDIANTINA.

ACTE III

Le Théâtre représente le fond de la salle de spectacle du Cercle de l'Union artistique et l'escalier qui conduit au salon Henri IV.

SCÈNE PREMIÈRE

LE COMPÈRE, LA DAME DE PIQUE,
UN COMMISSAIRE DU CERCLE.

LE COMMISSAIRE

Par ici, sire, par ici...

LE COMPÈRE

Monsieur le commissaire, je vous remercie infiniment de la petite tournée que vous m'avez fait faire dans les salons du Cercle. Tout y est d'un goût exquis.

LA DAME DE PIQUE

Et moi, j'ai constaté avec plaisir que vous vous étiez fait présenter à tout le monde. C'est d'un bon exemple.

LE COMMISSAIRE

En effet, sire, ici nous sommes un peu en République...

LE COMPÈRE

Comment un peu? mais tout à fait, car j'ai déjà vu là-haut les portraits de quatre présidents! Ça m'a même coûté vingt-cinq louis au baccarat. Et où sommes-nous ici?

LA DAME DE PIQUE

Au fond de la salle de spectacle, au pied de l'escalier.

LE COMPÈRE

Tiens, tiens! Mais attendez donc...

AIR : CES POSTILLONS SONT D'UNE MALADRESSE.

Cet escalier, oui, je me le rappelle
En d'autres lieux a frappé mon regard;
J'en répondrais, ma mémoire fidèle
L'avait déjà remarqué quelque part,
Et ce n'est point un effet du hasard.
Si ce n'est lui, je le proclame
C'est donc son frère... Eh, parbleu! m'y voilà :
Cet escalier a pour jumeau, madame,
Celui de l'Opéra.

LA DAME DE PIQUE

Mon Dieu, oui... M. Garnier a demandé la permission de le copier... et le Comité n'a pas osé refuser.

LE COMPÈRE

Et à qui sont destinés ces deux fauteuils d'orchestre?

LE COMMISSAIRE

Mais, à madame et à vous. Voici l'*Entr'acte*. Madame désire-t-elle un petit banc?

LA DAME DE PIQUE

Merci.

LE COMPÈRE

Alors nous faisons partie du public?

LA DAME DE PIQUE

Oui. Tous les théâtres et leurs principaux artistes vont avoir l'honneur de défiler devant vous.

LE COMPÈRE

Et entre temps, je pourrai lorgner dans la salle?

LE COMMISSAIRE

Tant qu'il vous plaira. Désirez-vous une lorgnette? Voici justement le marchand de lorgnettes du nouveau théâtre des Nouveautés... Isaac!

(Le commissaire sort.)

SCÈNE II

LE COMPÈRE, LA DAME DE PIQUE, ISAAC

ISAAC

Le marchand ! voilà le marchand !

AIR : Je suis le major.

Je suis le marchand (*bis*)
Dans tous les théâtres
Tristes ou folâtres,
Paraît le marchand :
Voici le marchand (*bis*).
Faut-il des lunettes ?
Faut-il des lorgnettes ?
Voici le marchand.
Le marchand.

Monsieur demande une bonne lorgnette... ça je peux donner... c'est une nouvelle lorgnette pour l'Exposition... c'est très-gentil... c'est la lorgnette-illusion...

LE COMPÈRE

Comment, la lorgnette-illusion ?...

ISAAC

C'est pour les étrangers... au théâtre, ça fait paraître tout minces les actrices qui sont trop grosses... et ça fait paraître tout grasses les actrices qui sont trop minces...

LE COMPÈRE

Ah! ça, par exemple...

ISAAC

C'est certain! c'est certain... Tenez, une supposition... Vous allez au Vaudeville, vous prenez la lorgnette, vous lorgnez Mlle Montaland et la lorgnette vous montre Mlle Sarah Bernhardt.

LE COMPÈRE

Pas possible? Et alors si je vais aux Français lorgner Mlle Sarah Bernhardt...

ISAAC

La lorgnette vous montre Mlle Montaland... c'est certain... c'est certain.

LE COMPÈRE

Voilà qui est merveilleux... et combien votre lorgnette?...

ISAAC

C'est une lorgnette qui vaut mille francs.

LE COMPÈRE

Alors merci, j'ai des yeux *perçants;* ça me suffira.

ISAAC

Alors, achetez-moi autre chose, mon supérieur. Voulez-vous une limonade? C'est bon, la limonade...

LE COMPÈRE

Ah! ça, vous vendez donc de tout?

ISAAC

Il faut bien faire sa petite fortune. (A la dame de pique.) J'ai aussi des bonnes petites lorgnettes bien gentilles pour les jolies dames...

LA DAME DE PIQUE

Sont-ce également des lorgnettes-illusion?...

ISAAC

C'est la même chose... Encore une supposition : ... Vous allez voir jouer la Revue des Mirlitons, vous prenez la lorgnette... vous lorgnez M. de Fitz-James et vous vous écriez tout de suite...

LA DAME DE PIQUE

Tiens! il est en Brasseur.

ISAAC (l'embrassant)

Ça, je suis aussi...

LA DAME DE PIQUE

Ah! permettez...

LE COMPÈRE

Puisqu'il est *embrasseur*.

ISAAC

Vous pouvez garder la lorgnette. Je suis payé. (Au public.) Si ces dames désirent aussi des lorgnettes au même prix... J'attendrai au vestiaire à la sortie... la première encoignure à gauche...

Air précédent.

Je suis le marchand
Dans tous les théâtres, etc. (*bis*).

(Il sort.)

SCÈNE III

LE COMPÈRE, LA DAME DE PIQUE

LA DAME DE PIQUE

Et maintenant, vite un coup d'œil aux affiches des théâtres... (Un tableau d'affiches paraît.)

LE COMPÈRE

Comédie Française... quatre-vingt-septième représentation d'*Hernani*... A la bonne heure...

AIR : POMARÉ, MARIA.

Vivent les long succès
Du Théâtre Français !
Aux acteurs d'*Hernani*
Ne disons pas : n, i, ni, c'est fini.
Depuis un an de travail méritoire
Sous le harnais aucun d'eux n'a faibli,
Dona Sol même engraisse, dit l'histoire,
Et tant s'en faut que Mounet soit *sul'lit !*

LA DAME DE PIQUE

Aux fours, en attendant,
Donnons un coup de dent;
Brésilienne, adieu !
Tes diamants n'auront pas fait long feu
Péronilla passe, hélas ! comme un rêve !
Salle Taitbout, ton jour est arrivé...
Ballon Morel, si ton ballon s'enlève
C'est le public qui n'est pas enlevé !

LE COMPÈRE

Lyrique infortuné,
Théâtre condamné,
L'abandon du public
A mis ta muse aux griffes d'un syndic...

LA DAME DE PIQUE

Sur ses malheurs alors jetons un voile,
Et saluons, avec un doux transport,
Dans Vauchelet une brillante étoile
Prêtant ses feux à l'*Étoile du Nord!*

LE COMPÈRE

Respirez, ô maris,
Il n'est plus à Paris;
Pour Londres, pour Stamboul,
Ou pour Pékin s'est embarqué Capoul...
L'heureux ténor, je ne sais par quels charmes,
Sexe enchanteur, sa voix vous enchanta,
Mais son vaisseau flottera sur les larmes,
De *Virginie* ou de la *Traviata* !

La palme du succès
Reste donc aux Français

(Au public.)

Mais il dépend de vous
Que ce succès se prolonge Entre Nous!

(La Dame de Pique sort.)

SCÈNE IV

LE COMPÈRE, NINICHE, LE RÉGISSEUR

LE RÉGISSEUR (annonçant)

Le Théâtre des Variétés « Mlle Niniche! » (Il sort.)

LE COMPÈRE

Entrez, madame, place aux honnêtes femmes qui vont à pied !

NINICHE

A pied, monsieur ? sachez que mon dorsay est en bas.

LE COMPÈRE

(A part.) Une pêche à quinze sous !... (Haut.) Mademoiselle, puisque les hasards de la vie de théâtre nous rapprochent, veuillez donc m'expliquer une bonne fois comment vous et vos pareilles...

NINICHE

Nous embobinons vos pareils et vous ?... Qu'à cela ne tienne...

AIR : Je suis encor toute éblouie

Monsieur, mon arsenal de charmes
A bien des armes,
J'ai mon sourire radieux,
J'ai pour briser les cœurs de pierre
Sous ma paupière,
Des pleurs d'un effet merveilleux.

J'agis d'ailleurs avec franchise,
Sur le panier que je conduis,
Vous pouvez lire ma devise,
C'est : Je dépense, donc je suis !

Aussi les financiers bulgares,
Les ducs tartares,
Vieux barbons, galants jouvenceaux,
Peuplent-ils les pièces cossues
Pleines d'issues
De mon hôtel du parc Monceaux.

J'ai des valets cosmopolites,
Bien en col, avec l'air en bois,
Respectueux pour mes visites
Et pour moi-même quelquefois...

L'été, dans les flots de Trouville
Ou de Deauville,
Je fais de gracieux plongeons ;
Du soir au matin sur ces plages
Fort peu sauvages,
Je m'exerce au tir aux pigeons;

L'hiver je traîne ma paresse
Au théâtre où trois soirs durant,
Je vais revoir la même pièce
Avec un ami différent.

Enfin dans la bêtise humaine
Je me promène
Et j'y grignotte sans regrets
Les fortunes les plus anciennes,
Les plus certaines,
Puis les moins certaines après.

De ces débris je me compose
Un livre fort intéressant,
Le seul que j'épèle, et pour cause,
Le grand livre du cinq pour cent. .

Car dans mon arsenal de charmes
J'ai bien des armes,
J'ai mon sourire radieux
Et, pour briser les cœurs de pierre
Sous ma paupière,
Des pleurs d'un effet merveilleux...

LE COMPÈRE

Jolie profession... de foi... Il est de fait, madame, qu'en fait d'amoureux, vous devez en avoir des variétés...

NINICHE

Oui, monsieur le shah, oui, mon petit *shah*, mais je sais me tenir. Ainsi, pendant toute la pièce, Dupuis me fait la cour, mais je n'aime pas au fond Dupuis.

LE COMPÈRE

D'accord... mais je gagerais, par exemple, que Lassouche, avec sa belle figure régulière...

NINICHE

Pas davantage. Du reste, j'oubliais de vous dire que je viens de vous parler de la Niniche d'autrefois; aujourd'hui, je suis mariée.

LE COMPÈRE

Mariée? Où la fleur d'orange va-t-elle se *ninicher*?

NINICHE

AIR : LA PETITE NINICHE.

Moi, l'ancienne particulière
Des cabinets particuliers,
Avec Baron devant le maire
J'ai formé des nœuds réguliers.

Mon époux de mon innocence
Croit être le premier larron;
Pauvre époux, dans son existence
On a toujours plus d'un baron.
Qu'importe, il suit comme un caniche
C'est le favori, le bichon
De sa petite Niniche,
De sa petite Nichon.

LE COMPÈRE

Vos auteurs ont, je le proclame,
Beaucoup d'esprit et du plus vert,
Car vous êtes vous, belle dame,
La Vénus de Millaud (Albert)!
Mais vraiment, sans être maussade,
On peut dire et penser tout haut
Que trois longs actes de cascades
Pour montrer un cœur d'artichaut,
Cela fait l'effet d'une niche...
C'est un tant soit peu folichon
De voir la petite Niniche
De voir la petite Nichon!

SCÈNE V

LES MÊMES, LE RÉGISSEUR, puis LE BARON DE SAINT-ANDRÉ

LE RÉGISSEUR (annonçant)

Le Théâtre du Vaudeville! (Il disparaît.)

NINICHE

Les *Bourgeois de Pont-Arcy*, des potiniers de province... mon petit shah, je m'en vais.

LE BARON DE SAINT-ANDRÉ (l'arrêtant)

Pardon, mademoiselle, vous ne seriez pas une ancienne bonne amie de mon père?

NINICHE

C'est possible, monsieur, j'ai connu tant de monde.

LE BARON DE SAINT-ANDRÉ

Alors, mademoiselle, j'ai l'honneur de vous demander votre main...

NINICHE

Elle n'est pas libre, monsieur.

LE BARON DE SAINT-ANDRÉ

Ah! tant mieux!

NINICHE

Reprise de l'air précédent.

C'est moi la petite Niniche,
La petite Nichon,
La petite Nichon.

(Elle sort.)

SCÈNE VI

LE COMPÈRE, LE BARON DE SAINT-ANDRÉ

(très-agité)

LE COMPÈRE

Voilà un monsieur qui paraît bien nerveux.

LE BARON DE SAINT-ANDRÉ

Ah ! monsieur, je suis d'une colère !

LE COMPÈRE

Mais, pardon... à qui ai-je l'honneur ?...

LE BARON DE SAINT-ANDRÉ

Au baron de Saint-André, Monsieur. Voici l'affaire : mon père a trompé ma mère avec une jeune lingère qui m'a donné un petit frère...

LE COMPÈRE

Et madame votre mère a tout découvert ?...

LE BARON DE SAINT-ANDRÉ

Oui, monsieur ; par une photographie de mon petit frère qu'avait fait faire la lingère...

LE COMPÈRE

Chez Reutlinger?

LE BARON DE SAINT-ANDRÉ

Non, monsieur, chez Mayer et Pierson... Entre nous, c'est Mlle Pierson qui est la lingère...

LE COMPÈRE

Monsieur votre père avait bon goût. Et alors?

LE BARON DE SAINT-ANDRÉ

Alors, ma mère, pour qui tout ça est un mystère, veut absolument me faire épouser la lingère, parce qu'elle croit que c'est moi qui suis le père de mon petit frère... Aussi *sardou*ble ma colère.

LE COMPÈRE

Mais sapristi, monsieur, c'est insensé, tout cela...

AIR : AMIS, VOICI LA RIANTE SEMAINE

Depuis longtemps elle était interdite
La recherche de la paternité...

LE BARON DE SAINT-ANDRÉ

Mais aujourd'hui la thèse favorite
Est que le Code est une énormité.
Pour peu qu'on ait quelque délicatesse,
Tous les auteurs sont de cet avis-là :
On doit toujours épouser sa maîtresse,
Même au besoin celle de son papa (*bis*).

(Il sort.)

LE COMPÈRE

Ah! mon Dieu, quel parfum délicieux!

SCÈNE VII

LE COMPÈRE, LE RÉGISSEUR, LA JOLIE PARFUMEUSE

LE RÉGISSEUR (annonçant)

La Jolie Parfumeuse! (Il disparaît.)

LE COMPÈRE

Je l'avais bien sentie.

LA JOLIE PARFUMEUSE

AIR DU PETIT DUC (*Petit chœur*)

C'est moi qui suis l'étoile
Du passage Choiseul,
Mais quand ma voix se voile
Ça ne va pas tout seul...
J'ai contre moi dans l'ombre
Théophobes censeurs,
Mes détracteurs,
Mais j'ai pour moi le nombre
De mes adorateurs.
Je fuis à tire d'aile
Quand vient le mauvais temps,
Et comme l'hirondelle
Je reviens au printemps.

LE COMPÈRE

Comme ça, il y a deux camps : les *Théophobes?...*

LA JOLIE PARFUMEUSE

Et les *Théophiles...*

LE COMPÈRE (avec empressement)

Je suis Théophile, madame...

LA JOLIE PARFUMEUSE

Alors, je peux compter sur votre pratique?...

LE COMPÈRE

Surtout si, en regardant sa pratique, la *Théo... rit...*

LA JOLIE PARFUMEUSE

Tiens! vous êtes gai, vous, monsieur?

LE COMPÈRE

Aussi gai que vous êtes fraîche comme une pomme d'api...

LA JOLIE PARFUMEUSE

Pomme d'api? C'est aussi un de mes rôles. C'est là-dedans que j'ai débuté... en détaillant mes petits talents de cuisine... Dans ce temps-là, je chantais comme ça :

AIR DE LA POMME D'API

C'est moi, monsieur, qui suis la bonne
Et, Dieu merci,
On se souvient de la mignoune
Pomme d'api!
Disait-on pas que ma voix rappelle,
Ça c'est un peu vert,
C'est un peu vert,
Oui, que ma voix rappelle un peu celle
De Reichemberg ! (*bis*)
Et dans l'*Ami Fritz* la cuisine
Aidant, aidant à cela,
On la prenait pour ma cousine
Et puis voilà ! (*bis*)

LE COMPÈRE

Et puis voilà ! (*bis*)

Mais que dirait la maison de Molière
Si Reichemberg à tire larigo,
Faisant ici l'école buissonnière,
S'avisait d'imiter Théo ?

LA JOLIE PARFUMEUSE

Oh! ça, monsieur, ça ferait le plus mauvais effet! Pourtant, il y a par-ci par-là des opérettes que ces demoiselles de la Comédie Française ont la permission d'aller voir. Ainsi, il paraît même que, l'autre jour, au foyer, le Duc Job a dit beaucoup de bien du Petit Duc...

SCÈNE VIII

LES MÊMES, LE PETIT DUC.

LE PETIT DUC (paraissant)

Le Petit Duc?

AIR DU PETIT CLERC

C'est moi qui suis le Petit Duc,
Bon pied, bon œil et pas caduc;
Je me promène,
Je me démène,
C'est moi qui suis le Petit Duc!

LA JOLIE PARFUMEUSE

Il est gentil comme tout, ce petit-là!

LE PETIT DUC

Vous aussi, vous êtes gentille tout plein. Tiens! tiens! (Il lui envoie des baisers.)

LE COMPÈRE (le retenant et les séparant)

Voyons, voyons, mes enfants, nous ne sommes pas ici pour nous amuser. Il est impossible que monsieur n'ait pas aussi sa petite histoire à raconter...

LE PETIT DUC

Oui, mais pour ça, il faut que je sois au milieu.

LE COMPÈRE

Alors vous serez sage?

LE PETIT DUC

Oui, je vous le promets...

AIR DU RONDEAU DE LA PAYSANNE (*Petit Duc*)

I

Monsieur, madame, écoutez bien,
J' m'en vas vous dir' comment qu' ça s'traite
Et comment avec presque rien
On peut monter une opérette...

On prend d'abord deux homm's d'esprit,
Deux auteurs rompus à la chose,
Messieurs Meilhac et Halévy
Aussi malins en vers qu'en prose.

Ils s'adjoignent un musicien
Bien connu par son estampille,
Monsieur Lecoq, vous savez bien,
D'madame Angot qu'a fait la fille...

Puis on lui dit : Fait's des rondeaux
Et sans avoir trop d'exigences,
S'il n'vous vient pas d'motifs nouveaux,
Soignez bien vos réminiscences!

II

Aussitôt qu'on s'est expliqué,
On cherche un titre pour la pièce,
« Le P'tit Duc » était indiqué
Aux papas de la Grand' Duchesse!

On me condamne au célibat,
Quoiqu'marié devant l'Église
Et pour fair' mon volontariat,
C'est colonel qu'on m'improvise.

Taratata, les bons apôtres,
Un colonel de dix-huit ans!
Taratata, comme les autres
Devaient grincer entre leurs dents!

Mais l' Petit Duc c'est l'âge d'or
Et, dame! il ne s'inquiète guère
Ni d' la loi sur l'état-major,
Ni d' l'École supérieur' de guerre!

III

Sous ce costume extravagant
Fait pour tromper la mère abbesse,
En comte Ory j'entre au couvent
Pour en enl'ver ma p'tit' Duchesse!

Mais v'là qu' la trompette a sonné :
« A ch'val messieurs, vite en campagne! »
Et l' régiment de Parthenay
Devient le régiment d' Champagne!

Bref, entre nous, c'est un succès
D'autant plus goûté des familles,
Qu'on s'croirait au Théâtr' Français,
Tant on peut y m'ner les jeun' filles. .

C'est tell'ment vrai qu'il n'y a qu'un cri
Et qu'on prétend à la R'naissance
Que Granier singe Samary
Mais je réponds d' son innocence!

LE COMPÈRE

Alors, permettez! Ici même... en ce moment, si ce n'est pas Mlle Granier qui imite Mlle Samary, c'est donc au contraire, Mlle Samary qui...

LE PETIT DUC

Dame! vous savez, sire, dans une Revue...

LE COMPÈRE

Il faut s'attendre à tout, on me l'a déjà dit... D'autre part, au lieu de Mme Théo c'est donc Mlle Reichemberg qui... (La Jolie Parfumeuse fait signe que oui.) Ah! diable!... après ça... *entre nous*...

LA JOLIE PARFUMEUSE

AIR : AH ! QUEL DINER JE VIENS DE FAIRE (*Perichole*).

I

C'est un pari fait pour vous plaire
Et, dans ce cercle débonnaire,
Les deux auteurs ont mis céans
A profit nos petits talents.
C'est une surprise,
Mais, chut!
Faut pas qu'on le dise...
Chut!

LE PETIT DUC

II

Chaque refrain qu'on accompagne,
C'est comme un verre de champagne,
Et l'on en chante tant ici
Que ne soyez étonnés si
L'on est un peu grise,
Mais, chut!
Faut pas qu'on le dise...
Chut!

LE COMPÈRE

Je comprends... c'est un coup de canif dans le Répertoire!...

(Tumulte dans la tribune au fond de la salle.)

UN SERGENT DE VILLE

Monsieur, c'est impossible, on ne peut pas entrer.

UN MONSIEUR dans la tribune (imitant la voix de M. Coquelin)

Il suffit, je prétends sévir et me montrer.

LA JOLIE PARFUMEUSE

Ciel, monsieur Coquelin!

LE MONSIEUR

Ah! ah! mesdemoiselles,
Il paraît qu'au dehors nous en faisons de belles!
Nous jouons l'opérette au club des Mirlitons,
Toutes deux à l'amende et cent coup de bâtons!

J'ai dit! (Il disparaît.)

LE PETIT DUC et LA JOLIE PARFUMEUSE

Ah! mon Dieu!...

LE COMPÈRE

Cent coups de bâton! Que dira Mlle Véra Zassoulitch?

LA JOLIE PARFUMEUSE

Protégez-nous, sire... Que faire?

LE PETIT DUC

Donnez-nous un conseil...

LE COMPÈRE

Ma foi, mes enfants, je ne vois qu'une chose, c'est de courir après M. Coquelin et de vous jeter à ses pieds pour l'attendrir...

LA JOLIE PARFUMEUSE

Vite!

(Le Petit Duc et la Jolie Parfumeuse se dirigent vers la coulisse; au moment où ils vont sortir de scène, on entend le bruit de la foudre et ils se sauvent, en poussant un grand cri, du côté opposé.)

LE COMPÈRE

Qu'est-ce qu'il y a encore?

LE PETIT DUC (au moment de sortir)

Le Diable! (L'orchestre joue l'air de Robert-le-Diable. — Bruit de tonnerre.)

SCÈNE IX

LE COMPÈRE, LA DAME DE PIQUE,
puis BALSAMO (en magicien)

LA DAME DE PIQUE (entrant)

Ne craignez rien, sire! ce n'est qu'un magicien, le docteur Balsamo... élève de Mlle Lenormand.

LE DOCTEUR BALSAMO (entrant)

AIR du Docteur isambart

Accourez tous, *ecce homo!*
Je suis le docteur Balsamo,
Mo, mo, mo, mo,
Je vois tout, je devine tout,
Dring, balazing, boum, boum
Je fais dormir les gens debout,
Bout, bout, bout, bout!

Messieurs et mesdames, vous allez voir ce que vous allez voir et ce que vous n'avez jamais vu.

LE COMPÈRE

La lanterne magique alors?

BALSAMO

Non, monsieur, la carafe merveilleuse. Holà! *Taverney* du diable, à boire!

UN VALET DE PIED (avec un plateau et une carafe)

Ces messieurs ont sonné?

BALSAMO

Oui, moi, c'est bien. (Il prend la carafe et la place sur le trident qu'il tient à la main, de façon que la carafe soit au milieu du théâtre, devant le trou du souffleur et à hauteur d'œil de l'acteur debout.)

LE COMPÈRE

Comment! une carafe au bout d'une perche?

BALSAMO

Oui, c'est le procédé *du mât*... Le magnétisme appliqué à l'eau...

LE COMPÈRE

Alors, c'est de l'eau dormante... et comme il n'est pire eau que l'eau qui dort, je devine...

AIR DE LA BONNE AVENTURE

Dans ce globe de cristal
D'étroite encolure,
Du destin le plus fatal
On voit la peinture...

BALSAMO

Ce n'est pas d'autre façon
Qu'on vous montre à l'Odéon
La mésaventure,
O gué,
La mésaventure!

LE COMPÈRE

Je suis curieux de voir ça.

LA DAME DE PIQUE

Moi aussi!

BALSAMO

Approchez, Madame, vous n'êtes pas de trop... Dites tout de suite ce que vous voyez dans l'eau.

LA DAME DE PIQUE

Je vois une mouche...

BALSAMO

Vous vous en plaindrez au commissaire de la table du Cercle... Et vous?

LE COMPÈRE

Voilà qui est particulier... Je vois une grande salle de théâtre... là-bas, là-bas, tout près du Luxembourg.

BALSAMO

Et sur la scène?

LA DAME DE PIQUE

Sur la scène, attendez... Je vois la place Louis XV... un grand feu d'artifice et une foule qui s'écrase.

BALSAMO

Et dans la salle?

LE COMPÈRE

Dans la salle, on ne s'écrase pas le moins du monde.

BALSAMO

Je suis obligé d'en convenir.

LA DAME DE PIQUE

Attendez, un médecin vient d'entrer en scène... Ah! le brave homme!... il dit qu'il s'appelle Marat et sauve la vie à un tas de gens...

BALSAMO

Il a joliment rattrapé sa moyenne depuis...

LE COMPÈRE (reculant)

Ah! mon Dieu!

BALSAMO

Qu'avez-vous?

LE COMPÈRE

Je suis ébloui... illuminé... Que de diamants, mon Dieu! que de diamants... Je n'y vois que du rouge et du bleu...

BALSAMO

C'est parce que vous voyez *Leblanc*.

LE COMPÈRE

En effet, c'est mademoiselle Leblanc, je la reconnais; ah! ça, dites-moi donc, vous avez de la chance... la voilà qui entre chez vous...

BALSAMO

Malheureusement, ce n'est que pour une consultation fortuite...

LE COMPÈRE

En effet, elle demande à *Lafontaine* un philtre pour le roi... et vous lui remettez une ordonnance dont elle semble fort goûter l'à-propos...

BALSAMO

Et qu'y a-t-il d'écrit sur l'ordonnance?

LE COMPÈRE

Révalescière Du Barry.

BALSAMO

A vous, Mademoiselle.

LA DAME DE PIQUE

Le décor vient de changer... J'aperçois un pavillon... Une jeune fille entre, suivie d'un jardinier.

BALSAMO

Et que lui dit le jardinier?

LA DAME DE PIQUE

Il ne lui parle pas le langage des simples... La jeune fille le dédaigne... Le jardinier devient amer comme chicorée...

LE COMPÈRE

Et la jeune fille le reçoit comme une Romaine.

BALSAMO (à la Dame de Pique)

Pardon, Mademoiselle, auriez-vous la bonté de vous éloigner un instant...

LE COMPÈRE

Ah! diable, il paraît que ça va devenir raide. En effet, la jeune fille se déshabille... Elle se trouve mal... Un homme entre...

BALSAMO

Après?...

LE COMPÈRE

Après? on ne voit plus rien, Monsieur, l'eau rougit et franchement, c'est ce qu'elle a de mieux à faire...

AIR DE LA ROBE ET DES BOTTES

Monsieur Dumas dont la verve est féconde
D'un père illustre est l'illustre héritier;
De main de maître il fit le *Demi-Monde*
Et nous peignit Marguerite Gauthier.
Un insuccès n'a rien qui déshonore,
On peut tomber, quand on tombe de haut...

BALSAMO

Quoi qu'il en soit cet auteur que j'adore
A fait un four, mieux vaut un *Four*...chambault.

BALSAMO

Et maintenant, Mademoiselle, veuillez vous rapprocher de la carafe... Elle n'a pas encore dit son dernier mot...

LA DAME DE PIQUE (hésitant)

Mais, je ne sais si je dois...

BALSAMO

Ne craignez rien, l'eau est revenue aussi limpide que vos yeux... Dites ce que vous y voyez...

LA DAME DE PIQUE

Encore un théâtre, mais cette fois, beaucoup plus près... à deux pas de moi... Dans les coulisses, les acteurs, harassés de fatigue, se sont tous endormis; dans la salle, un public plein d'indulgence, attend avec impatience le moment de prononcer son arrêt.

LE COMPÈRE

Raison de plus pour lui tirer d'abord son horoscope.

LA DAME DE PIQUE

C'est facile...

AIR DE M. DOCHE

Dans ce miroir qu'à présent rien n'altère,
Plongeons alors un regard indiscret;
Que l'avenir nous dise son mystère,
Que le présent nous dise son secret.

Mais tout d'abord, il m'est doux de prédire
Que l'avenir n'a rien de redouté,
Et pour le Cercle ici mon œil voit luire
Tous les rayons de la prospérité.

J'y vois à flot vos budgets de dépenses,
Et se frottant les mains d'un air content,
Votre excellent ministre des finances;
Son nom, je crois, est Dubois de l'Estang.

J'y vois encor sous sa moustache blanche
Le général qui vous préside ici :
La triple étoile orne enfin cette manche
Veuve d'un bras tombé chez l'ennemi.

Pour le présent, messieurs, je vois de même
Que notre roi de ces joyeux tréteaux
N'est pas un *shah*, bien que le public aime
A voir sa griffe au bas de ses tableaux...

D'un vrai monarque en créant le Sosie
Ce fin compère a su prouver à tous
Qu'avec du tact et de la courtoisie
Il n'était rien d'impossible entre nous.

Tel, dans cette eau qu'à présent rien n'altère
Vous le voyez, mon regard indiscret
De l'avenir a percé le mystère
Et du présent dévoilé le secret.

Et maintenant, Monsieur Balsamo, quelques passes magnétiques vous suffiront pour ramener ici la troupe endormie...

BALSAMO

Allez, la musique!

AIR : Do, DO, L'ENFANT DO

(Tous les acteurs endormis rentrent en scène les yeux fermés et à tâtons.)

ENSEMBLE

Do, do, l'enfant do,
L'enfant dormira tantôt !

LE COMPÈRE

Mais ça ne peut pas finir comme ça, c'est trop triste... (On entend un coup de canon.) Le canon des Invalides?...

LA DAME DE PIQUE

Oui, sire, pour l'ouverture de l'Exposition universelle!... (Au coup de canon, tous les acteurs se sont éveillés... Les tambours battent aux champs. Le décor change et la toile du fond représente l'Exposition universelle personnifiée par Mademoiselle Reichemberg. Tous les acteurs se rangent.)

L'EXPOSITION UNIVERSELLE

Messieurs, à mon audace épargnez la censure,
C'est l'Exposition qui parle par ma voix ;
Je ne suis qu'une enfant, mais que Dieu nous assure
La paix, la sainte paix, l'enfant vivra six mois.

Dans mon double palais chaque peuple a sa case :
J'ai, sans pitié, borné, serré l'emplacement,
Mais, croyez-moi, messieurs, de la voûte à la base
La France fait honneur à son compartiment.

J'ai fait surgir du sein de nos cuves fécondes
Ces vins délicieux qu'un gai soleil mûrit,
Doux présents qu'on s'arrache aux deux bouts des deux mondes
Car ils donnent du cœur et donnent de l'esprit.

J'ai les tissus de soie et j'ai la grâce exquise
Des articles Paris si coquets et si fins ;
Là, Saint-Gobain avec Baccarat rivalise,
Là, Beauvais fraternise avec les Gobelins...

Ainsi, ta gloire, ô France, apparaîtra sans voile,
Une gloire qu'un jour, d'un cerveau jamais las,
Immortaliseront sur le marbre ou la toile
Les artistes du Cercle, exposants de là-bas.

Mais je veux plus encor... Les peuples côte à côte
Viennent en flots pressés au bruit de mon clairon,
Ah! puisse l'étranger, ton émule, ton hôte,
O France, à ta couronne ajouter un fleuron !

Oui, puissent, saluant ta grâce souveraine,
Ton accueil bienveillant, sans morgue et sans fierté,
Toutes les nations te proclamer leur reine,
France, dans l'art divin de l'hospitalité !

LA DAME DE PIQUE

A présent, en place pour le vaudeville final !

VAUDEVILLE FINAL

Refrain

Rions, chantons,
Rions, chantons,
Car tout finit par des flonflons.

M. BOUSSENOT

Au Champ-de-Mars à chaque instant je vois
Fonctionner machine sur machine ;
Que je suis fier, mon Dieu, d'être Chinois
En contemplant les progrès de *ma Chine!*

Refrain

M. DU PLESSIS

Une écurie, on n'a pas çà pour rien,
Mais un cheval se fend comme une pomme ;
En achetant rien qu'une patte, eh bien !
On peut un jour avoir pied dans la Gomme...

Refrain

M. RIHOUET

Le premier jour de l'Exposition
Pas de voiture et l'eau tombait par douche...
Petits vapeurs n'ont pas bu de bouillon,
Car ce jour-là tout Paris prit la *mouche*.

Refrain

Mlle BIANCA

Vous qui tenez dans vos mains le succes,
Mon dernier vœu n'offusquera personne :
Je suis soubrette au Theâtre Français,
Puissiez-vous dire ici que je suis *bonne !*

Refrain

M. GIDE

Je suis fourbu, je dors tout éveillé,
Miauler durant trois actes, quel martyre !
Par vos bravos je serais *chat*ouillé
Sous vos sifflets je serais *chat qu'expire*.

Refrain

M. JULLEMIER

En regardant du bas jusques en haut
Tous ces tramways où la foule s'entasse,
A l'Alcazar on chantera bientôt :
Ohé ! là bas ! c'est le tramway qui *casse* !

Refrain

M. SAUCÈDE

Nos deux auteurs craignaient de vous lasser,
Mais pour leur pièce en leur nom j'intercède :
C'est comme un plat, pour le faire passer,
Ils se sont dit qu'un filet *de sauce aide.*

Refrain

Mlle SAMARY

Le nom de Jeanne est un nom favori,
A Jeanne d'Arc il doit sa quintessence :
N'en contez pas à Jeanne Samary,
Elle saurait sauver son innocence.

Refrain

M. DE FITZ-JAMES

Sur Duverdier circulent, nous dit-on,
Des bruits fâcheux de Montmartre à Montrouge :
Que ce *bonnet* file un mauvais coton,
C'est à mes yeux *bonnet* blanc, *bonnet* rouge.

Refrain

M. RANDOUIN

Hier, un gamin, sortant des Fourchambault
Sur le trottoir me pousse et me dépasse,
Mon pied s'allonge où ses reins font défaut,
Voilà-t-il pas qu'il me répond : Efface !

Refrain

M. LAGARDE

Du vice-roi que le sort est amer!
Il faut payer ou sinon en sourdine
Monsieur Goschen tire son revolver,
Monsieur Joubert arme sa carabine.

Refrain

M. DE FITZ-JAMES (à M. Gide)

L'heureux compère, il charme également
Par ses talents les messieurs et les dames...

M. GIDE (à M. de Fitz-James)

Croyez-vous donc que c'est uniquement
Aux Auvergnats que vous plaisez, Fitz-James?

Refrain

Mlle REICHEMBERG

Monsieur Perrin eût pu, moins généreux,
Vous refuser les fleurs de sa corbeille...
Si par devoir il a fermé les yeux,
Par complaisance il a prêté l'oreille.

Refrain

Mlle BARRETTA (au public)

AIR D'ARISTIPPE

De nos auteurs pour défendre la cause
Je viens, Messieurs, au banc des avocats.
Puisqu'*Entre nous* ils ont commis la chose
C'est à huis clos qu'il faut juger leur cas... (*bis*)

Si je n'ai pas la parole, le geste
Et les grands bras de maître Gambetta,
Daignez, quand même, acquitter sans conteste
Les deux clients de maître Barretta! (*bis*)

Reprise du refrain

Rions, chantons,
Rions, chantons,
Car tout finit par des flonflons.

FIN

Aux interprètes d'ENTRE-NOUS

LE SOIR DE LA REPRÉSENTATION

Puisqu'on nous dit que c'est une victoire,
Vaillants guerriers, chevronnés ou conscrits,
A plein gosier laissez les auteurs boire
Une rasade à leurs acteurs chéris.

N'oublions pas d'abord les commissaires,
Quand on s'emploie avec autant d'ardeur
A mettre en place épouses, sœurs et mères,
On en mérite une dans notre cœur.

Sergents de ville, en second lieu, qu'on toste
A vous, gaillards, bien sanglés, bien bouclés;
Vous avez su fourrer le four au poste,
Vous avez dit aux sifflets : « Circulez ! »

Sur leurs crochets nos commissionnaires
N'ont pas traîné la déveine, morbleu!
Et nos pompiers, ces guerriers débonnaires,
De notre rampe ont bien bravé le feu.

Vieilles beautés, malgré vos cicatrices,
On trouve en vous des attraits sans rivaux.
Dans vos cabas, ce soir, mères d'actrices,
Fouillez sans crainte, ils sont pleins de bravos.

En Mardi Gras, long comme ta flamberge,
Salut, Jurine, officier plein de chic.
Avec quel cœur Oudet, ce fin concierge,
Ouvrait la porte aux rappels du public!

De Léotaud le concours méritoire
S'est révélé, toujours prompt, toujours prêt,
Et cependant dans son observatoire
Il avait bien le droit d'être distrait.

Notre géant chinois, quel tour de force!
A sa hauteur a hissé le succès.
Chez Randouin se dessine le torse
D'un directeur du Théâtre Français.

De son Delchet la troupe sera fière,
Que d'heureux trucs son art nous prodigua!
Coppens sera reçu comme première,
Quand il voudra, chez Worth ou chez Pingat.

Mais là... Quels sont ces accords de guitare?
Quels sont ces mots en as, en ès, en os?
A pleins poumons sonnons une fanfare
Aux senorès estudiantinos.

Pour Rihouet, justes Dieux! quelles hontes
Quand, de sa voix de rhume de cerveau,
Son phonographe en pleine Cour des comptes
Répétera : Garnier-Pagès, bravo!

Applaudissons Boulard jusqu'à la tombe,
Car son bâton savait bien, le madré,
Comme un corset soutenir ce qui tombe
Et, par instants, ramener l'égaré.

Saucède, à toi. Ton jeu si franc, si large
Dériderait les hôtes de Pluton.
Ah ! si jamais, ami, tu vends ta charge,
Garde pour nous celle du fils Berton.

Fitz-James, Gide, unissons ces deux branches,
Entrelaçons ces deux jumeaux de l'art.
Peintre, marin, l'un, Messieurs, sur les planches
C'est Raphaël, et l'autre c'est Jean Bart.

C'est votre tour, Mesdames, mais la chose
En terminant nous cause un fier souci.
Vous planez tant sur les vers et la prose
Que notre cœur n'a qu'un seul mot : Merci !

Vous étiez, vous, nos professeurs, nos guides.
En pleine scène, ardents à vous fêter,
De vos succès tous nos acteurs avides
Pour vous bisser, brûlaient de s'arrêter.

Cher quatuor, souffre qu'on te dédie
Cet « Entre-nous » par le public absous,
Si l'amitié n'est qu'une comédie
Nul ne jouera cette pièce... entre nous.

Paris-Imp. PAUL DUPONT, 41, rue Jean-Jacques-Rousseau. 1937.7.78

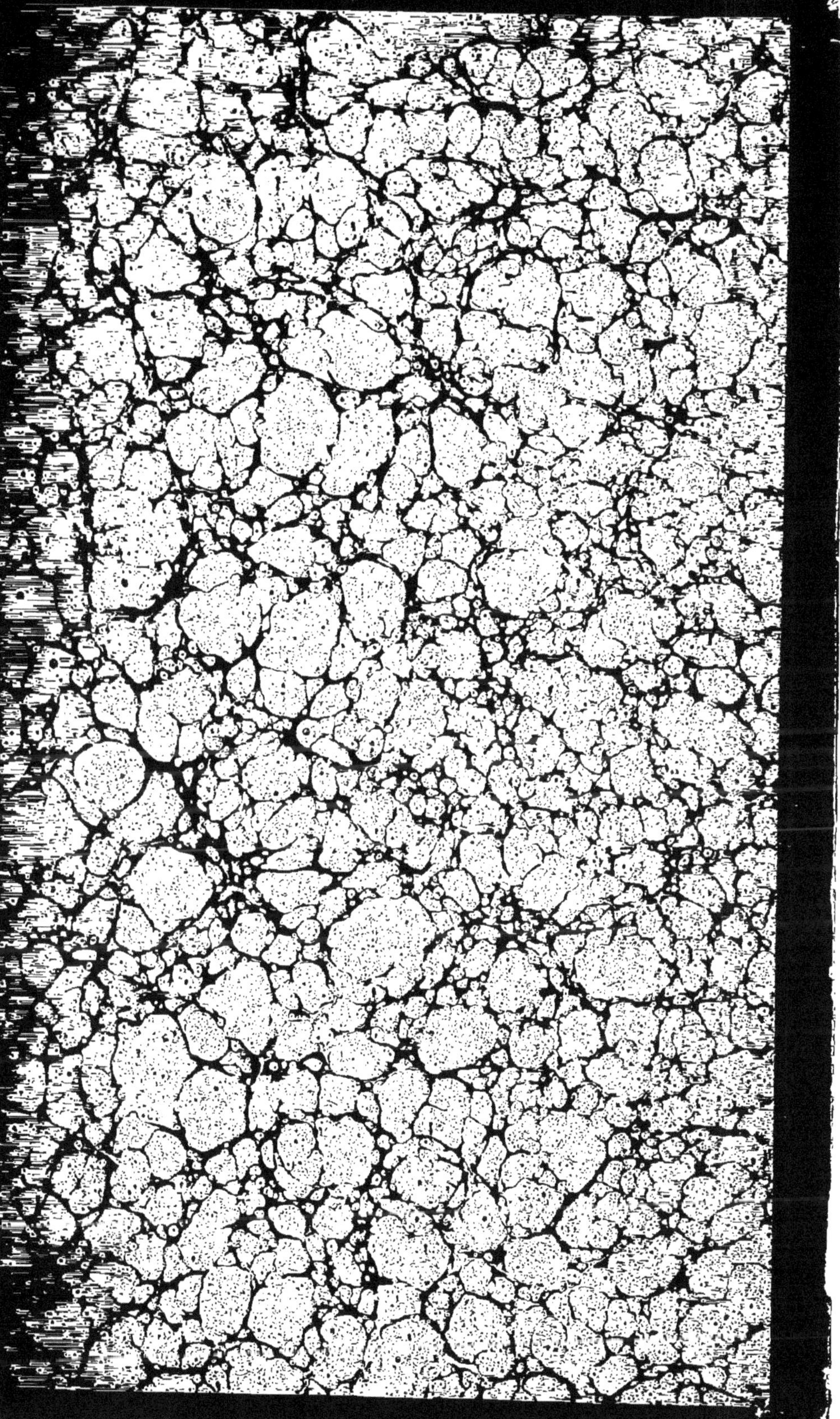

www.ingramcontent.com/pod-product-compliance
Ingram Content Group UK Ltd.
Pitfield, Milton Keynes, MK11 3LW, UK
UKHW020148220726
13923UKWH00001B/421